接受不完美的勇氣
阿德勒 100 句人生革命

ALFRED ADLER
100 Words to Revolutionize Your Life

小倉廣◎著　楊明綺◎譯

「我從頭到尾讀了三遍阿德勒的書。
週二早上，我從椅子上站了起來。
感覺世界變得不一樣了……
因為阿德勒告訴我：
『世界單純到令人難以置信』。」

精神科醫師　莉迪亞・吉哈（Lydia Sicher）

接受不完美的勇氣
阿德勒 100 句人生革命

前言

自我啓發之父・阿德勒爲何默默無名？

再也沒有像出生於奧地利維也納郊外的阿爾弗雷德・阿德勒（Alfred Adler，一八七〇年～一九三七年）這般，為現代心理學留下莫大貢獻，卻默默無名的偉大人物。

我們就算不熟悉心理學，也聽過西格蒙德・佛洛伊德（Sigmund Freud，一八五六年～一九三九年）、卡爾・古斯塔夫・榮格（Carl Gustav Jung，一八七五年～一九六一年）的名字，但大多數人卻不曉得和這兩位並稱三巨頭的阿德勒。

阿德勒被稱為「自我啟發之父」，只要讀過商管書經典名著，戴爾・卡內基的《人性的弱點》、《人性的優點》，以及史蒂芬・柯維的《與成功有約》，會發現書裡有不少見解與阿德勒心理學（Individual Psychology）非常相近。此外，以人際溝通術廣為人知的教練技巧（coaching）、NLP，也受到不少阿德勒心理學的影響。

此外，經營管理大師大前研一刊載於鑽石週刊（二〇〇八年十一月八日號），名為《實用心理學》專欄中，曾探討阿德勒的理論比佛洛伊德積極的說法，留下這般評論：

「其實我也是典型的阿德勒學派，要說我有多麼阿德勒學派，那就是我不認為人生中有什麼『我辦不到的事』。」

阿德勒心理學也被稱為「人性心理學的源流」，深受阿德勒影響的心理學家不知凡幾，代表性人物有亞伯拉罕・馬斯洛（Abraham Harold Maslow）、維克多・弗蘭克（Viktor Emil Frankl）、卡爾・羅傑斯（Carl Ransom Rogers）、阿爾伯特・艾利斯（Albert Ellis）、亞倫・貝克（Aaron T Beck）、艾瑞克・伯恩（Eric

Berne）、艾利西・佛洛姆（Erich Fromm）、威廉・葛拉瑟（William Glasser）等人。

雖然阿德勒的理論帶給後世深遠的影響，但身為源流的阿德勒，卻鮮為人知。加拿大精神科醫師艾倫伯格的著作《發現無意識——動力精神學的源流》一書中提及：

「阿德勒的成就遭眾人抹殺，他所催生出來的東西全都成了其他學者的成就，這是一種無法解釋的現象。」

「像阿德勒這樣，自己研究出來的理論被全方位剽竊，卻沒有人向他道歉的例子還真是少有。套句法文用語，他的學說猶如『公家採石場』（une carrièr publique），誰都可以面不可改色地從他的學說攫取什麼。而且奇特的是，就連一向會仔細列出引用出處的專家學者，也不想說明自己的論述是引用自阿德勒心理學（個體心理學）。」

阿德勒自己對於自創的理論被別人引用一事，似乎寬容看待，不太在乎的樣子。

他曾說：

「也許會有沒人想起我名字之時，即使有阿德勒學派存在，我的名字也可能被忘記，但就算這樣也無所謂，因為在心理學領域工作的所有人，都會像是和我一起學習般，進而付諸行動吧。」

阿德勒為何名氣比不上成就的理由，還有各種解釋。

・由於阿德勒留下來的論文和著作不多，而且阿德勒在他的理論被體系化之前便去世。

・有別於佛洛伊德，阿德勒並無自成強勢的學派。

・由於納粹迫害猶太人的緣故，許多阿德勒派的追隨者慘遭屠殺。

因此，能藉由此書介紹名氣不大卻留下偉大成就，堪稱「跨越時代，世紀先驅」的阿德勒心理學，個人深感榮幸。

本書不同於一般學術書以及心理學入門書，是用比較淺顯易懂的詞彙和說法，「超譯」阿德勒與他的門生與徒子徒孫說過的話語。哪怕只是多一位讀者也好，希望抗拒心理學與學術書的人也能輕鬆閱讀本書。

本書的遣詞用句極為簡單明快，或許會有一種「理所當然」的感覺，但「理所當然」才是事實，才是答案。

據聞有這麼一段軼事。

有位聽眾聽完阿德勒的演講之後，說道：

「今天演講的內容不都是些大家早就知道的事（常識）嗎？」

阿德勒回道：

「所以說，常識有什麼不好呢？」

二〇一四年二月　小倉廣

ALFRED ADLER

contents

隱藏在情感中的目的

——關於「情感」的阿德勒名言

20-29

性格能在當下的瞬間被改變

——關於「生活型態」的阿德勒名言

30-38

不能斥責，也不能稱讚

——關於「教育」的阿德勒名言

57-65

對他人有貢獻是讓自己幸福的唯一方法

——關於「共同體感覺」的阿德勒名言

66-80

擁有克服困難的勇氣

——關於「勇氣」的阿德勒名言

81-96

不必背負他人的課題

——關於「課題的分離」的阿德勒名言

97-100

It is less important what one has than what one does with what one has.

重要的不是天生擁有什麼，
而是如何活用擁有的東西。

一切取決於自己

關於「自我決定性」的阿德勒名言

人生沒那麼困難，
是你讓人生變得複雜了，
其實，人生非常單純。

1

其實「人生一點也不辛苦，不痛苦」，是你故意「把自己的人生搞得非常辛苦、痛苦」，阿德勒舉了這般例子。

「有兩種方法可以通過高度僅五英呎（約一點五公尺）的門，一種是挺直身子走過去，另一種是彎身走過去，若是採用第一種方法，勢必會撞到門頂。」也就是說，覺得「人生很辛苦、很痛苦」的人，就像挺直身子穿過門，結果就是撞到頭，要是能稍微彎身走過去，就能免受皮肉之痛。但大多數人都會怪罪「門太低」，而不是反省其實是沒有彎身的自己不好。

那麼，什麼樣的生活方式迫使人生滿是辛苦與痛苦？什麼樣的生活方式能讓人生變得單純？答案實在無法用一行字來表達。恐怕要閱讀這本書，進而能慢慢了解。現階段能傳達的是，當下的人生不是取決於「命運」和「過去」的創傷，而是自己的思考方式。正因如此，只要下定決心，人生就可以變得很單純，所以別再做挺直身子穿過門的事，也別再「把人生搞得很複雜」就行了。

人是描繪自我人生的畫家，
只有你能創造自己，
只有你能決定今後的人生。

2

「命運」這字眼，似乎給人一種自己怎麼樣也改變不了的意思。其實不能改變的是「宿命」，「命運」的「運」字有「搬運」、「移動」的意思，意即「命運」是可以靠自己「移動」的東西，也是一直以來靠自己「移動出來的結果」。

我們一路走過來的人生受到許多事物的影響，不是嗎？像是遺傳、教養環境、成長地區、職場環境等。然而，遠遠超過這些的決定性因素是我們自己做過幾百次、幾千次的決心，而且不是受到任何人的強迫，是我們依自己的意思下的決心。

選擇進入現在這家公司的是自己，決定繼續待在這家公司也是自己，選擇現在的另一半是自己，決定承襲父母的價值觀也是自己。如果不喜歡的話，我們隨時有拒絕接受的權利，也有辭職的權利，以及向父母的價值觀說不的權利，這些都是我們擁有的權利。

只有自己能打造一路走來的人生，也只有自己能創造今後的人生。這麼一想，就會覺得人生多麼美好。「沒有做不到的事，因為人無所不能」，這是阿德勒最強而有力的一句話。

只有自己能決定如何對抗病魔，
是要怨天尤人的活著，
還是懷著感恩的心，
充實的度過餘生。

3

雖說「人無所不能」、「命運可以靠自己改變」，或許你會想，人還是有辦不到的事吧？

「我的家人明明沒做什麼壞事，卻無辜捲入交通事故，身受重傷，還能說命運能靠自己改變嗎？」

「家人是癌末病人，這也是自己打造的過去嗎？還是自己可以決定的未來呢？」我想一定有很多人這麼想吧。

的確，疾病和受傷都是自我無法控制的事情。但就算無法改變生病或受傷的事實，我們還是能選擇要以什麼樣的心情面對、看待這件事。

透過粉紅色鏡片看世界，世界成了粉紅色；透過藍色鏡片看世界，世界就成了藍色。有個耳熟能詳的例子，看著倒入半杯水的杯子，有人想：「怎麼只有半杯水！」也有人想：「太好了！有半杯水耶！」接受現實，從中找到積極的意義，這是誰都能做到的事。心志健全的人，能從眾人覺得痛苦的事情中找出值得學習、感恩的事，這是阿德勒教導我們的正確人生態度。

遺傳和成長環境只是單純的「材料」，
只有你能決定如何使用材料，
打造真正舒適的家。

4

阿德勒並未百分之百反對遺傳和原生家庭造成的影響，當然遺傳有一定的影響。想想你的父母如何養育你？十分溺愛？還是放任不管呢？這些肯定都會影響我們的人格養成。

但這些影響有限，不是百分之百。你並不會因為母親的斥責就變得消極退縮，要是變得消極，也是自己的選擇。除了消極之外，還有其他方法可以選擇，不是嗎？譬如，和母親一番爭論後，也許變得更獨立，變得更能冷靜分析事情，或許能以母親為負面教材，讓自己變得溫柔、懂得體諒別人。

阿德勒將遺傳和成長環境比喻成打造家的建材，使用同樣的材料（遺傳和環境），不一定會打造出同樣的家（人生），有人打造出南國風情別墅，有人則是蓋成商業大樓。材料終究只是材料，如何使用端看自己的決定。你現在的人生，就是你使用材料，靠自己打造出來的「家」。

「都是父母的錯。」
「都怪朋友不好。」
「只怨生不逢時。」
「反正一切都是命。」
這些都是推卸責任常用的藉口。

5

人一旦找到藉口，推卸責任，就覺得很輕鬆。都是父母的錯、上司不好、部屬的錯、另一半不對、生不逢時，由於不是自己的錯，因此心情豁然開朗，是吧？但這輕鬆只會是一瞬間。

把自己的不幸遭遇推給命運，再怎麼自怨自艾，事態也不會好轉。唯有起身行動、改變，才有可能扭轉情勢。好比現世政局混亂，一味怨嘆也不可能改變世道，要想改變政局現況，就必須盡最大的努力，例如想辦法投身政界等等。就算再怎麼埋怨家世出身、父母的養育方式，也不可能改變什麼，唯有接受過去，才能繼續前進。一味將責任推給另一半、上司，也無法解決問題。況且對方要是反駁、抗拒，只會讓你更辛苦。人無法改變過去，也無法改變別人，只有改變自己的想法和行為，才能改變未來。每個人都有改變自己的力量，也就是改變未來的力量。

因此，不要總是逃避眼前的課題，總有必須面對的時候。就像牙痛時，就算吃再多止痛藥也不可能治好蛀牙，必須正視問題，徹底治療才行。

人不應該被過去束縛，
只有你能描繪自己的未來。
過往的原因就算能作為「解釋」，
也無法成為「解決之道」。

6

一八七〇年出生於奧地利維也納郊外的阿德勒，與同時代的佛洛伊德和榮格，並稱心理學三巨頭。然而，心理學家阿德勒當初發表論文時，心理學會大力支持的卻是佛洛伊德的理論。佛洛伊德主張人類會受到過去蓄積的「原欲」（libido）支配，意即人類受制於過去，無法掌握自己的未來。

阿德勒的理論和佛洛伊德完全相反，他認為遺傳和教養方式等「原因」，無法限制一個人的行動，人可以朝向自己決定好的「目的」而行動，可以隨時依自己的意思改變自己，也就是阿德勒主張之「目的論」與「自我決定性」。這理論成了現代心理學的顯學，讓佛洛伊德的「因果律」成為過去的遺物。不過我們的日常生活到目前還是深受過去遺物「因果律」的影響。然而，原因可以作為「解釋」，卻無法成為「解決之道」，因為我們無法改變過去，但我們可以依自己的意思改變邁向未來的「目的」，重新決定如何行動就行。只要善用阿德勒心理學來思考，任何問題都可能「解決」。

人們有時為了逃避失敗，會捏造自己生病一事。
「要是沒有生病就好了……」
以此為藉口，躲進安全地帶，圖一時輕鬆。

7

我的朋友工作能力很強，表現非常優秀，比周遭的人更早晉升管理階級。但優秀選手不見得是好教練，將自己的想法強加在別人身上的結果，就是遭部屬刻意孤立。不久這件事傳開了，他因此罹患憂鬱症，視上班為畏途，就這樣拿到了不上班也沒關係的「免死金牌」。

某位年輕女演員準備初次登台的表演時，整個人竟然不住顫抖，根本無法排練，只好被迫中斷演出。她說自己真的很想力圖振作，但就是有一股連站都站不起來的虛脫感。

阿德勒說：「人們利用一切東西，逃避人生的失敗。」人有時會在不自覺的狀況下，捏造自己生病一事，想著要是生病，就不必上班、上學，也不用在人前暴露自己的醜態。一想到此，就會無意識的製造出「頭痛」、「肚子痛」、「發燒」、「嘔吐」、「恐慌」等等症狀，心理學稱此為「疾病利益」。

雖然生病是一件很痛苦的事，但和在眾目睽睽下暴露自己的失敗相比，根本不算什麼，所以人們覺得與其挑戰勝算不大的事，還不如稱病。

心態健全的人，
不會試圖改變對方，而是改變自己。
只有心態不健全的人，
才會試圖操控對方，改變對方。

8

「我們無法改變過去與別人，但可以從現在開始改變未來與自己」，這是身為解說者的我的座右銘，也是深受阿德勒影響，研究人際關係心理學的心理學家艾瑞克・伯恩的名言。我就是因為這句話，改變了人生。

這個想法的重點就是，追究「到底是誰錯了？」這個「原因」是沒有用的。工作和家庭不需要什麼裁判員，與其投注時間和心力追究「到底是誰錯了」，不如將精力花在解決未來上更有效益。因此，就算其實是上司、部屬或是另一半犯錯，只要著眼於「現在自己能做的事」就行了。如果希望對方能多在意一點的話，不妨試著改變傳達方式，而不是一味責備不知道自己有錯的對方，努力讓自己的話語具有說服力，努力贏得對方的信賴。

心態健全的人就算覺得百分之百錯在對方，也只會在「自己現在能做的事」投注心力。反觀心態不健全的人，只會埋怨過去、說別人的壞話、不斷強調自己是受害者，藉以博取同情，自己卻什麼也不行動。哪一種人生才會幸福，不說自明。

其實不是「不想做」，
只是自己決定「不要做」。
其實不是「無法改變」，
而是自己決定「不改變」。

9

刺激（stimulus）反應（Response）是一種思考模式。面對「遭受斥責」這般刺激，通常會出現稱為「生氣」的反應（情感、思考、行動），一種單純的思考方式。然而，現代心理學反對這種說法。刺激與反應之間，有著稱為「認知」的主觀意識，這是源自阿德勒心理學的現代心理學理論之一。這個「認知」就是前面曾提到的粉紅色與藍色鏡片，意即透過粉紅色的認知看世界，世界就成了粉紅色；透過藍色鏡片看世界，世界就成了藍色。

因此遭受斥責時，如何「認知」並「定義」可說因人而異。有人會生氣，也有人悲傷、情緒低落，有人氣到怒吼「搞什麼鬼啊！」，也有人對別人的指責心懷感謝。人可以藉由改變「認知」與「定義」，改變自己的反應，也就是改變思考、行動，以及情感。

所以，我們不是「因為被斥責而生氣、不做了」，而是遭受斥責時，依照自己的意思，從眾多「認知」與「定義」中，選擇生氣這個選項，再任性的以不想做了為藉口，決定不做。因此不要責怪上司，一切都是自己選擇的結果，當然自己也可以改變選擇。

遺傳和心理創傷都不能支配你，
無論過去如何，
只有「現在的你」能創造未來。

10

審問某個殺人犯：「你為何殺人？」他回答道：「因為我被父母拋棄。」遭父母遺棄，來自不正常家庭的他成了殺人犯，就是指這不是自己的錯。但不是所有遭父母遺棄的孩子都會變成殺人犯，其中也有為了援助同樣是孤兒的孩子，使其不再遭受和自己相同的苦，教他們自立自強而四處奔走的人。即使成長於相同的環境，人還是可以依照自己的意願，選擇未來。

然而，我們容易無意識地將現在的問題推給過去。

「記得小時候，媽媽總是忙於工作，疏於照顧我，所以我的個性才會變得這麼陰沉，要怪就怪我媽，不是我的錯。」

「我們家很窮，沒辦法供我上大學，如果家境好一點的話，現在的我肯定能完成大學學業，還能找到一份更好的工作。」

像這樣將眼前的不如意推給過去的環境，充其量只是藉口。究竟要以過去的經驗作為跳板，開拓未來的路？還是一味找藉口，假裝自己是受害者，過著滿嘴藉口的人生？只有自己能決定要走哪一條路。

To be human means to feel inferior.

人是一種懷有自卑感的存在。

接受真正的自己

關於「自卑感」的阿德勒名言

不是因為你不好，而有自卑感。
無論看起來多麼優秀的人，多少都會感到自卑。
只要還有目標，當然就有自卑感。

11

「為什麼我這麼沒用呢……」聰明、長得不錯又開朗的人，卻深深為強烈的自卑感所苦，這種例子屢見不鮮。

無論是誰都有自卑感，為什麼呢？因為人總會無意識的抱持這般目標：「我想成為這樣的人，我想過著這樣的人生。」目標往往比現況來得高遠。即便是人們眼中一帆風順、似乎不需要再企求什麼的人，心中也抱持著更高遠的目標。也就是說，正因為目標永遠不會有達成的一天，所以自卑感油然而生。

此外，人在孩提時期也會因為與父母、兄姊做比較，而懷有自卑感。

「大人可以輕鬆的做任何事，我卻什麼也不會……」

小時候面對大人懷有的自卑感，烙印在心裡。「我是個沒用的人」、「反正再怎麼努力也無法追上……」長大後，心裡還是殘存著此種自卑感。

由此可見，自卑感不是「大大不如他人的人，特有的東西」其實不只你，身邊看似完美、優秀的人，大家都抱持著「主觀的認定」，這就是一種自卑感。

12

懷有自卑感，不代表自己心態不健全，
端看自己如何看待自卑感。

阿德勒將「自卑性」、「自卑感」、「自卑情結」這三個字眼做了明確的區分與使用。所謂「自卑性」是指長得不好看、個子矮、胃腸不好等等，與弱勢點有關的具體事實。「自卑感」是指自己「主觀認為」自己低劣，換句話說，就算有具體的「自卑性」，只要自己感到低劣，就會產生「自卑感」；只要不覺得低劣，就不會產生「自卑感」，可見「自卑感」說穿了就是一種主觀的認定。因此，明明別人都認為你很瘦，你卻覺得「自己很胖」，這就是一種「自卑感」。

我們通常會將「自卑情結」與「自卑感」混為一談，阿德勒卻做了更明確的區分。所謂「自卑情結」是以「自卑感」為藉口，藉以逃避人生的各種課題，意即以自卑感作為發條，反而更激勵自我的人，是懷有「自卑感」卻沒有「自卑情結」的人。

「都怪父母遺傳給我一個不夠聰明的腦袋」、「因為家境不好，導致我的個性比較陰沉」等，將現在的問題推給別人，放棄努力，只想逃避人生的課題，這就是「自卑情結」。所以不健全的心態不是「自卑感」，而是「自卑情結」。那麼，你是屬於哪一種呢？

有許多以自卑感為藉口，逃避人生的膽小鬼。
也有不少以自卑感作為發條而成就豐功偉業的人。

13

人只要正面看待自卑感，便能成就豐功偉業。好比樂聖貝多芬失聰，印象派畫家馬內的視力不佳。不只肉體的缺陷，由於家境窮困而無法上學，卻成就豐功偉業的人也不少。二宮尊德（江戶時代後期思想家）點蠟燭讀書時，被斥責：「農民讀那麼多書幹嘛！不要浪費蠟燭！」他只好自己種油菜籽，用油菜籽油點燈讀書，就這樣一邊做農事，一邊精進學問，成了名留青史的人物。

不如他人的遺傳基因與成長環境，的確是扣分的因素，但光是這樣不能成為「做不到的理由」。以惡劣的環境作為發條，比他人更努力，還是可能有所成就，阿德勒稱此為「補償作用」。因此，以自卑感作為發條，產生補償作用，才能成就豐功偉業的說法一點也不誇張。

或許你會不以為然的說：「貝多芬和二宮尊德是難得的天才，我只是普通人……」這就是藉口。「因為沒有自己的房間可以安心唸書」、「因為父母的學歷不高」、「因為體質差」等等，不能拿這些與遺傳、生長環境有關的事當藉口。之所以做不到，真正理由是因為你以環境為藉口「逃避努力」，絕對不是由於環境的影響。

人一旦做對的事沒受到關注，
就會試圖去做不對的事，以求受到「負面關注」。
我們不該為迫使人生陷入悲慘境遇的事而努力。

14

阿德勒認為用功讀書得到好成績，與為非作歹誤入歧途，兩者看似截然不同的生活方式，其實追求的是同樣的目標。因為就某種意義來說，二者努力的目標都是想得到親友和周遭人們的關注。

小孩會傾全力得到父母的認同，阿德勒稱此為「追求卓越的努力」。但就算努力，還是覺得自己不夠完美的時候，小孩會轉換策略，譬如在運動方面得到好成績。若還是不行，就轉換為音樂、繪畫等藝術領域。如果還是行不通……最後就想以為非作歹行為求得關注。

人一旦知道無法求得「受人讚賞」這種「正面關注」時，就會試圖以「遭受斥責」求得「負面關注」。德蕾莎修女曾說：「愛情的反面就是漠不關心。」因此小孩會想，既然被忽視，那就討罵挨好了。

於是，長大成人之後還存有此種人生態度，就算已經是大人，也會有既然得不到「正面關注」，那就求得「負面關注」的想法。

問題是，這種思考方式只會讓人生變得坎坷，無法得到幸福。我們該做的不是求得「負面關注」，而是努力贏得「正面關注」，哪怕是再瑣碎的事也沒關係。我們不該為迫使人生陷入悲慘境遇的事而努力。

逞強是自卑感的另一種表現。
不要努力「看起來很強」，
而是努力「變得很強」。

15

自卑情結是以自卑感為藉口，試圖逃避人生的課題。但不是每個人都會坦率表明感到自卑的事，不少人反而會強調自己的優越感：「才沒這回事呢！我可是比別人優秀。」這就是所謂的「優越自卑情結」，是一種變形的「自卑情結」。真正有自信的人不會刻意誇耀自己很優秀，強調優越是自卑感的另一種表現。

懷有優越自卑情結的人，其實不會為了能讓自己「變得」很強而努力，而是努力讓自己「看起來」很強，所以會頻繁的進行以下行為，像是打扮華麗；明明是女人，動作卻像個男人；自以為是；看不起別人；欺侮弱小；在家像隻蟲，出外像條龍；以生病為理由，隨意指使家人；批判針砭別人；故意大聲喧嘩；刻意強調自己具有特別的能力；話題總是以自我為中心；把別人的話當作耳邊風……等等，這些行為都不是出於自己「很強」。由此可見，努力「看起來」很強的人，其實內心隱藏著強烈的自卑感。

熱心的人，不見得是體貼的人。
只是想讓對方依賴自己，
真切感受到自己是個重要的存在。

16

「自己是個重要的存在」。有些人為了隱藏自卑感，強調自己的優越性，習慣輕蔑、指責對方，藉以提升自我價值。這可不是什麼單純的策略，而是人們選擇的一種更複雜又高超的手法。

你的周遭是否有十分熱心的人呢？「要不要借你一枝筆？」、「用這條手帕吧」、「你也差不多該去吃飯囉」，這種熱心絕對不是單純的體貼，而是想藉由熱心這件事，讓對方依賴自己，「要是沒有我，他根本什麼都不會」，藉以證明自己是個重要的存在，這是阿德勒的主張。

更高明的策略是責備自己、傷害自己。譬如，一邊傷害自己的身體，一邊以「我怎麼活得這麼沒用」否定自我，這行為乍看之下似乎在責備自己，其實完全相反，只是藉由責備與傷害，指責家人和周遭人們，「都是因為你們，我才會活得這麼痛苦」、「你們卻無法為我做任何事」……只是想強調這種心情，博取同情與歉疚，因此責難自己。人會試圖使用一切手段，證明自己是個重要的存在。

人要是不受注目，
哪怕使惡，也要引起他人的注意。
一旦失敗，
接下來就是刻意暴露自己的無能。

17

當孩子渴求父母的關愛時，會試圖阻止父母和其他孩子說話，要求父母陪在身旁直到睡著為止↓目標 1「引起注意」。要是這一招不成功的話，孩子就會鬧脾氣，用拒絕吃飯等各種詭計，傾全力引起別人注意↓目標 2「誇示權力」。一旦遭大人更強勢喝阻，孩子感覺很受傷時，就會試圖報復，像是做些偏差行為，故意惹父母不高興↓目標 3「報復」。孩子終於放棄努力，刻意讓大人看到自己的無能與缺點，試圖逃避種種人生課題↓目標 4「逃避」。

以上是將阿德勒心理學體系化的魯道夫．德瑞克斯（Rudolf Dreikurs）主張的「不良行為的四個目標」。這四個目標不限於孩子，長大成人之後也會在親子、夫妻、上司和部屬、朋友之間一再重複，好比妻子對於整天埋首工作，不顧家庭生活的丈夫，起初是直接要求「晚上早點回家」，要是得不到回應，就會對丈夫發火、哭鬧。若這樣還是沒效，妻子會試圖報復丈夫，丟著家事不管，自己外出找樂子，最後則是放棄一切，刻意向丈夫暴露自己的脆弱、無助與病痛。

「大家都討厭我。」

「這次不成功，下次肯定也不會成功。」

只要試著冷靜舉證，便能破除這種迷思。

18

無論是誰都有自卑感，但必須克服過度的自卑感是不健全的心態。那麼，什麼是過度的自卑感呢？阿德勒將與過度的自卑感有關，以自虐方式阻礙自己成長的錯誤思維，稱之為「基本錯誤」（basic mistakes）。

「這次不成功，下次肯定也不會成功」、「班上同學都討厭我」、「朋友肯定把我當傻瓜，嘲笑我」等等，這些迷思顯然是不健全的心態。這次不成功，不表示下次百分之百不會成功，只要冷靜重新思考，也許就能減少一半的失敗率。班上同學都討厭我這件事，其實不盡然，只要冷靜想想到底有哪些人討厭自己，你會發現其實只有五、六個人而已。

克服「基本錯誤」的方法，就是像這樣冷靜舉證、用具體數字去確認才是最有效的方法。這麼一來，就會發現原來是自己多慮了。藉由不斷重複這種方法，破除自我迷思，便能慢慢克服過度的自卑感。

責備一無是處的自己，
永遠無法得到幸福。
唯有勇氣認同現在的自己，
才能成為真正的強者。

19

阿德勒認為，要想克服自卑感，必須戒掉過度的迷思，也就是戒掉基本錯誤，但光是這樣無法克服自卑感。那麼，要如何思考才能克服自卑感呢？不是一味抹殺自己的無能，而是接受一無是處的自己。也就是說，不求做個完美的人，而是接受不完美的自己。

阿德勒的得意門生魯道夫·德瑞克斯，以阿德勒的思想為本，留下這樣的名言。人必須「擁有認同不完美的勇氣」，一味追求完美只會伴隨痛苦，為什麼呢？因為這世上沒有完美的人，要認同並喜歡有缺點、一無是處、真正的自己。「接受真正的自己」在心理學上稱為「接納自我」。「擁有認同不完美的勇氣」，這是為了接納自己最必要的東西，不是嗎？

不是ONLY IF（若能克服缺點）I'm OK，而是要有EVEN IF（就算有缺點）I'm OK的勇氣，這就是「認同不完美的勇氣」。只有擁有這種勇氣的人，才能成為真正的強者，才能得到幸福。

Ask not whence but whether.

最重要的問題，
不是「從何處而來？」，而是「要往何處去？」

隱藏在情感中的目的

關於「情感」的阿德勒名言

不是因為悲傷而流淚，
而是為了責備對方，博取同情與關注而哭泣。

20

阿德勒認為「所有行動（本人也毫無自覺）都有目的」，這在阿德勒心理學稱為「目的論」。不是「感情促使人衝動」，而是人「使用感情」達到目的，稱為「使用的心理學」。

人之所以流淚，有其目的，有時純粹只是表達悲傷的情緒，有時卻隱藏著其他目的，那就是希望以眼淚博取同情、企圖求得關注。有時也會以淚水攻勢向對方或周遭人們抗議與報復，控訴對方：「你太過分了，竟然讓我這麼傷心。」

也有人覺得光是責備對方、博取同情並無法得到滿足，所以企圖操控對方，營造對自己有利的情勢。像是上司斥責部屬，部屬突然哭出來，搞得上司不好再責備，事情也就不了了之，這是職場上常見的情形。這時，被斥責的一方哭泣可能是懷有目的。

然而，這一連串複雜的情感衝動，往往是在不自覺的情況下進行，就連當事人也沒有意識到，作為成功模式反覆使用著。

不是因為一時氣昏頭而破口大罵，
而是為了「支配」對方，
創造與利用名為「憤怒」的情感。

21

「我是一時氣昏頭……」這是我們常掛在嘴邊的一句話，阿德勒卻反對這句話，認為「所有行動都有目的」。依照阿德勒一語道破的「目的論」與「使用的心理學」來思考，所謂憤怒的情感，是為了達到將焦慮的情緒傳遞給對方、支配對方的「目的」，而「使用」的手段。

另一方面，在阿德勒之前以佛洛伊德為中心的心理學，是以與「目的論」完全相反的「因果律」為主流，認為人在無意識狀態下會因為「情感」而衝動。結論就是——破口大罵是一種無意識的憤怒，是一種「原因」，不是當事人的錯。阿德勒的「目的論」與「使用的心理學」，其結論與「因果律」大相逕庭。

使用感情的目的主要有兩種，一種是為了操控、支配對方，也就是用突然爆發的表情和態度威嚇對方，操控與支配對方聽命行事。

第二種是達到刺激自己的目的，意即人藉著「使用」感情一事，驅使自己行動。也就是說，藉由情感「推自己一把」。人不可能只靠理性判斷而行動，憤怒、悲傷、喜悅、恐懼等情感，都是促使你「前進」或是「踩剎車」的催化劑，情感就是用來驅使對方與自己。

情感像是讓車子啟動的汽油，
不是受情感「支配」，而是「利用」情感。

22

阿德勒的得意門生魯道夫・德瑞克斯，將情感比喻成汽油般的燃料。人如果只憑冷靜的判斷，往往無法付諸行動，所以需要情感這個觸發器。因此，情感是用來驅使行動或是適時踩剎車。

好比你「想和交往中的對象結婚」，但婚姻也會伴隨各種風險，這時從身後推你一把的就是「情感」。「喜歡」、「想在一起」的情感可以吹走這些不安，促使你朝紅毯的彼端邁進。「情感」成了汽油，啟動引擎，讓車子往前疾駛。

此外，「情感」也扮演剎車器，像是「不知道為什麼就是有股不好的預感，所以決定不做了」便是一例。究竟要催油門，還是踩剎車，端看自己的決定。「使用」被創造出來的情感，促使自己和他人付諸行動。總之，絕對是先有情感，而不是受情感支配。

別受情感支配，善用情感就對了。用心傾聽內心的情感，也許能找到什麼驅使自己前進或後退的契機，其實，自己的情感早就知道該怎麼做了。

不是由於不安，所以無法外出。
而是因為不想外出，捏造了不安的情緒。
都是因為先有「不外出」這個目的。

23

有人一想到要擠電車，就覺得極度不安，出現倦勤症狀，阿德勒一語道破這種症狀。

「不是因為不安，所以無法外出，而是因為不想外出，捏造了不安的情緒。」

不是因為不安這個原因限制行動，而是先有目的，意即為了實現不想上班這目的，而捏造了不安的情緒。那麼，為什麼不想去公司呢？理由因人而異。可能是因為業績不如人，不想承認自己做得不好，也可能是因為害怕遭上司數落，所以不想上班。無論是哪一種理由，都先有個目的，這就是阿德勒主張的「目的論」。

患有臉紅症的人也是如此，不是因為患有臉紅症而無法談戀愛，而是因為恐懼戀愛，所以患有臉紅症。也許為了談戀愛，非得主動告白才行，這時會伴隨被對方拒絕的風險，這就是一種恐懼。或是擔心交往之後，彼此的關係反而變得不好，又或是自己的男朋友不如朋友的情人。對於這般風險感到恐懼的人，就會捏造出臉紅症。這是由於先有個目的存在。

孩子只能用「情感」支配大人，
長大成人之後，
也想使用情感驅使別人，就是幼稚的行為。

24

剛出生的嬰兒不會說話，只能用「哭泣」這種情感來表現「想喝奶」、「尿布濕了，不舒服」、「很寂寞，想抱抱」。由此可見，嬰兒是透過「哭泣」這種情感表現，得到他想要的一切，然後在重複這種行為的過程中，逐漸學會「使用情感」得到必要的東西，這就是「學習」。

孩子不滿一歲時，便開始形塑性格，意即還不會說話之前，便開始形塑性格。「透過哭泣、生氣，得到他想要的一切」，從嬰兒時期「學習」這種表達方式的孩子，會將這般成功模式烙印在「性格」上，於是無論是孩提時代，還是長大成人之後，都會繼續使用這種「性格」。

若你周遭有比較感情用事的人，也就是頻繁利用情感的人，也許他就是在反覆利用孩提時代的成功模式。利用憤怒的情緒驅使身邊的人，或是用眼淚攻勢，迫使對方屈從自己的意思。

但情感不是達成目的唯一方法，長大成人之後還用情感表現支配他人的人，內心還很幼稚。

抱持嫉妒之心，支配另一半，
對方有一天遲早會離你而去。
理性的溝通才是成熟大人的作法。

25

利用情感表現達到目的，只限於嬰幼兒時期，絕對不是成熟大人應該用的手段。然而，一旦嬰幼兒時期嘗過利用情感支配他人的甜頭，長大之後也會複製過去的成功模式。例如，妻子利用嫉妒的情感，試圖挽回丈夫的心，但頻繁利用的結果就是徹底失去丈夫的心，迫使對方離去，這就是嬰幼兒時期的成功模式不適用於成人世界的例子。

唯有靠理性說服對方，才是成熟大人達成目標的方法。只有彼此理性的溝通，才能得到雙贏的結果。當你借用對方力量的同時，你也會成為對方的力量，藉由通力合作，彼此都能達成目標。總之，哭泣、大吵大鬧、嫉妒……利用情感驅動與支配他人絕不是唯一方法。

況且成人和小孩不一樣，具有靠自己解決問題，達成目標的能力，就算不支配他人，也能獨立做很多事，盡自己應盡的責任，這是成人世界的基本規則。「自己做搞不好會失敗，還是讓別人做好了。」存著這般心態的人，永遠無法融入社會。

對親密愛人撒嬌，
對送貨員卻極度不耐煩。
人會依對象和情況，表現出不同的行動，
因為所有行為都有目的。

26

年輕女子用撒嬌的聲音，對著話筒的另一端說：「咦？真的嗎？好高興喔！人家正想去海邊呢！太棒了！好期待哦！」她肯定是在對男友撒嬌吧。這時電鈴響起，似乎是快遞來了，於是女子前去開門。送貨員將貨物放在玄關，她向電話那一頭的男友溫柔地說：「等我一下哦！」隨即按下保留鍵，不耐煩地對送貨員說：

「這是什麼東西啊？什麼？印章？快一點啦！我有急事耶！」女子用迫不及待攆人走的口吻送走送貨員之後，隨即拿起電話，換人個人似地嬌聲說道：

「對不起啦！等很久嗎？人家也想快點聽到你的聲音嘛……」

年輕女子絕對不是特例，因為每個人的行動都有「對象」，以及希望對方怎麼看待自己的「目的」。這個年輕女子的「目的」，就是希望她的男友，也就是「對方」覺得她很可愛，才會嬌聲講電話。相較於此，面對送貨員這個「對象」，女子的「目的」是想收了東西就趕快打發他走，所以態度非常不耐煩。所有行動都有「對象」和「目的」，一邊揣測，一邊觀察，便能摸清對方的心情。弄清楚「對象」是誰，「目的」為何？便能發現饒富趣味的結果。

意識與無意識，理性與情感的糾葛，
都是謊言。
所謂「我都知道，但就是做不到」的說詞，
其實只是「不想做」罷了。

27

以佛洛伊德為中心的古典心理學，將意識與無意識清楚分割，認為藉由意識與無意識的矛盾與糾葛，會出現各種精神疾病症狀，但阿德勒反對這種說法。阿德勒認為就算意識與無意識之間看似矛盾，卻是朝向同一個目的，相輔相成的運作著，好比催油門與踩剎車般的關係。雖然乍看之下很矛盾，但坐上同一輛車，朝同一個目的地，就必須相互合作，阿德勒將這種無法分割，統合的整體稱為「整體論」。

阿德勒的得意門生魯道夫・德瑞克斯，在《阿德勒心理學基礎》一書中，舉了以下例子，說明「整體論」。

旅人在旅途中遇到兩個非常親切的人，於是決定和他們結伴同行。由於看對方很親切，旅人沒什麼戒心，沒想到他的錢包卻被他們其中一人偷走。其實這兩個人狼狽為奸，打從一開始就計畫要偷旅人的錢包……。這兩個傢伙就像意識與無意識，分別扮演油門和剎車器的角色，一起朝向同一個目的，也就是「偷竊」這個目的。同樣的，理性與感情也是一體，並不矛盾，這就是阿德勒主張的「整體論」。

「我無意識地做了這件事……」

「理性敗給了慾望……」

這些只是欺騙自己與對方的「藉口」。

28

阿德勒明確反對將「意識與無意識」、「理性與感情」等等對立要素分割來思考的主張。就算兩者乍看之下很矛盾，還是為了達成同樣的目標而互補合作。

譬如，決心減重的人，還是忍不住偷吃洋芋片，最常聽到的說詞是：「我無意識地吃了……」或是「還是敗給了慾望，忍不住吃了……」，但這些都是藉口。事實上，你是依自己的意思判斷，認為吃下肚才是「對的」（有利益的事）選擇。

「破例一次應該沒關係吧！那就吃吧！」、「比起減肥，吃掉手上這包好吃的洋芋片才重要」，只是基於這些想法，決定選擇「吃」而已。

那麼，為何我們刻意端出「意識與無意識」、「理性與感情」這些因素來引證呢？阿德勒認為這些都是為了說服自己和他人的藉口，也就是為了包庇「不想負責」、「不願承認失敗」、「良心的呵責」這些心態，以「自己沒有錯，都是無意識與慾望的錯」為藉口，企圖欺騙自己與他人。

29

別想要操控憤怒之類的情感，
因為情感是「排泄物」，
操控「排泄物」也無法改變什麼。

由於我們每天似乎都感覺到被憤怒、悲傷等情感支配，所以市面上出版許多關於「如何管理情緒」之類的書。然而，阿德勒反對情感能被操控的說法，他認為情感只是生活型態（＝性格）的「排泄物」，就算操控排泄物，也無法改變結果，唯有改變生活型態，情感才能自然而然改變。

生活型態是指對於事物的理解方式，也就是以認知為核心的基本信念。我們之所以不會因為對方的言行舉止以及世間發生的事等刺激（Stimulus），做出直接的反應（Response），是因為我們對於事物有一套自己的理解方式，也就是認知（Cognition）。好比看到在走廊擦肩而過的異性對自己「噗哧」一笑時，有些人的認知是「對方在嘲笑我」而感受到一股「憤怒」的情感，有些人的認知則是「他對我有意思」而產生「喜悅」的情感。

這時候的我們無法操控稱為「憤怒」的情感，只能修正產生這種「情感」的「認知」。其實「對方在嘲笑我」的認知中根本隱藏著「自己不可能被別人喜歡」這般自我否定的生活型態，這才是應該修正的對象，就算操控「憤怒」的情感也毫無意義。

The child arrives at his law of movement which aids him after a certain amount of training to obtain a life style, in accordance with which we see the individual thinking, feeling and acting throughout his whole life.

雖然人們對於自身，
以及關於人生各種問題的意見，
無法理解，也無法清楚說明，
卻還是抱持自己堅守的行動法則而活著。

性格能在當下的瞬間被改變

關於「生活型態」的阿德勒名言

所謂生活型態（＝性格），
就是人生設計圖，
稱為人生的腳本。
只要改變生活型態，
人生就會驟然改變。

30

好友相聚時，有總是主導話題的人，也有沉默寡言，老是被邊緣化的人，阿德勒認為這種行動上的差異，是因為生活型態（＝性格）不同的緣故。希望「被別人接納」、「被別人喜歡」，抱持這種生活型態的人，習慣主導話題。相反的，總覺得「別人肯定會拒絕我」、「別人應該不會喜歡我」，抱持這種生活型態的人，往往插不上嘴。

所謂生活型態是指生活癖好、慣有的行為模式，也就是一般所說的個性、人格。但性格給人無法改變的印象過於強烈，所以阿德勒大膽使用「生活型態」這字眼取代，他認為生活型態不是「因果律」主張的天生的東西，而是可以依自己意思決定的東西，所以隨時都有改變的可能性。

沉默寡言，老是被邊緣化的人，不是「性格溫順」，而是「不相信別人的性格」、「覺得自己不可能被別人喜歡的性格」，只要找到隱藏在「溫順」深處的核心信念，改變這般信念，就能徹底改變行動與情感，也就是改變生活型態。

「我是〇〇」
「世人是〇〇」
「我必須是〇〇」
性格的深層之處，存在這三個價值觀。

31

性格可以從各種層面來思考，性格分為「開朗的性格」、「陰沉的性格」、「親切的性格」、「怕生的性格」等無數種個性，但這些都只是淺層等級的性格表現，性格的深層部分有著堪稱所有性格根本的三個價值觀與信念，阿德勒稱之為「生活型態」。這三種價值觀分別為①自我概念（我是～）②世界觀（世人是～）③自我理想（我必須是～），前述的淺層性格就是根據這①～③的組成來決定。

就以擁有以下的生活型態＝三種價值觀的人為例吧。①自我概念：我對任何人都沒有興趣，②世界觀：大家不會理睬無趣的人，③自我理想：反正沒有人會理睬我，所以我還是低調一點，保持沉默比較好。看來這個人不是「開朗的人」而是「個性陰沉的人」，不是「親切的人」而是「怕生的人」，此種淺層個性的根本，有著生活型態的三種價值觀。因此，不是要「陰沉」的人變得「開朗」，而是必須改變這三種價值觀，所以改變自己的第一步，就是了解自己的生活型態。

一個人的生活型態在十歲左右，
就會靠自己決定而定型，
而且就這樣使用一輩子。

32

生活型態（＝個性）早在嬰兒學會說話之前，從零歲開始就形塑了。而且大多數是在十歲左右定型。

我們小時候生活在以家庭為中心的社會，為了得到自己想要的地位，為了得到對方的關注與疼愛，不斷嘗試各種錯誤。最初是直接渴求雙親的關愛，要是得不到，也許會用憤怒的方式硬是達到目的，或是刻意強調自己是個弱勢的存在，藉以博取他人的憐憫與保護，也有些小孩是努力表現自我，試圖贏得他人的目光。

我們就是像這樣不斷嘗試錯誤，從中學習到「原來這麼做，對方會這麼反應啊」、「這麼做就對了」、「看來這麼做行不通」，逐漸累積應付各種狀況的方法與經驗，好比「表現得很開朗好像沒什麼效果呢！看來還是要適度示弱比較好」、「我是個應該受到保護的弱者」等等而界定個人想法。這就是以生活型態為核心，形塑自我概念、世界觀與自我理想。

戴上粉紅色鏡片的人，
誤以為世界是粉紅色，
絲毫沒有察覺自己戴上眼鏡。

33

想像自己走在長廊上的光景。這時，你一直很有好感的人，與你擦身而過。瞬間，對方看了你一眼，噗哧一笑，你會有什麼感覺呢？覺得對方在「笑你」？還是「對你有好感而微笑」呢？

就算面對同樣的場合，每個人理解到的都不一樣；就算體驗同一件事，有人開心，有人悲傷，一切取決於占據認知核心的生活型態（＝性格）。抱持「應該沒有人會喜歡我」這般自我概念的人，八成會想說對方是「在笑自己」吧。相反的，抱持「所有人都會喜歡我」這般自我概念的人，肯定會解讀成「對方之所以微笑是對我有好感」。

大多數人都沒有察覺自己抱持著獨特的認知傾向，之所以覺得一切看起來都是粉紅色，是因為自己認為世界是粉紅色，其實不然，這只是自己戴上粉紅色鏡片的眼鏡罷了。戴上有色眼鏡看待任何事物的生活型態，這就是所謂的認知偏見。我們只能透過認知偏見看待世界，無法完全客觀的看待事物。

即使一直以來的生活型態帶來種種不便，
人們還是不想改變，
就算扭曲事實，
也深信自己才是對的。

34

我們無法逃離認知偏見，依據認知偏見，只接收對自己有利的情報，其他的都以例外來處理。我們還會扭曲事實，解釋成對自己有利的情況，然後強迫自己接受「一直以來的想法都是正確的」，這是因為這麼做比較輕鬆，要是不這麼做，便深感不安。

抱持著「自己受人喜愛」這般生活型態（＝性格）的人，多半交遊廣闊，有著「果然我受人喜愛」的強烈信念。相反的，總覺得「自己被別人討厭」的人，不擅交際的結果，就是交不到朋友，「果然被別人討厭」的念頭也會越來越強。

某個新興宗教的精神領袖曾預言：「半年後會發生一起毀天滅地的大地震，大家一起祈福吧！」結果並沒有發生大地震。一般人肯定覺得：「這個人根本是胡謅嘛！」但信眾們在「教祖至上」的認知偏見驅使下，就會丟出截然不同的結論，像是「全是因為教祖大人的祈福，才讓我們倖免於難，教祖大人果然法力無邊啊！」更加強化自己的信念。這不是什麼笑話，其實我們也和這些信眾一樣，由於認知偏見而扭曲事實，捏造出對自己有利的解釋。

從小被罵到大的人，
不一定會變成個性陰沉的人。
究竟是接受父母的想法，還是將父母視為負面教材，
取決於「自己的意思」。

35

生活型態（＝性格）的養成，深受出生順序（家中排行）、器官方面的問題（身體比較孱弱）、家族成員以及家人之間的關係、家庭氣氛、父母的期待等等因素的影響。但如前面所述，這些都只是影響因素，無法決定你的生活型態，只有自己依「目的論」選擇生活型態，按照自己的意思逐步完成。這些影響因素只是木材、釘子之類的建材，要用建材蓋一棟南國風情別墅、還是現代大樓，端看自己的意願。

就像從小在母親斥罵下長大的孩子，不一定會變成個性陰沉又消極的人，搞不好將母親視為負面教材，反倒成了開朗積極，個性寬容、不拘小節的人。或是儘管有許多翻轉的可能性，但終究還是成了陰沉消極的性格，也不能全都歸咎於母親的管教方式。雖然多少有影響，但是自己選擇接受。究竟是要接受、反抗、還是無視，取決於自己。既然是自己做的決定，就能靠自己改變，所以人隨時都可以改變生活型態。

過著幸福人生的人，
生活型態（＝個性），一定合乎「共識」。
單憑個人扭曲的理論而構築的性格，
永遠無法變得幸福。

36

每個人的生活型態（＝性格）都不一樣。雖說如此，過著幸福人生與陷入不幸人生的人有個共通點，那就是否合乎 common sense（共識）。

共識（common sense）具有 common（共同）與 sense（感覺）的意思，意即「無論是對個人、組織還是家庭來說，都能接受的意思」，一般字典翻譯成「常識」，但阿德勒認為「共識不一定等於常識」。好比小孩子應該上學，接受教育，這是世間的常識，但要是孩子在學校遭到霸凌，就不應該強迫他上學。這時，不去上學就是一種共識，這是阿德勒的主張。

阿德勒還提出與共識完全相反的「個人理論」，也就是「只有個人能夠接受，共同體無法接受的意思」，單憑個人扭曲的理論而活，人生一定會遇到瓶頸。現在開始還不遲，必須改變生活型態合乎共識，這是讓自己變得幸福的方法。

這世上沒有「個性火爆的人」，
只有『常常使用憤怒這種情感的人』。
不必徹底改變自己的性格，
只要改變自己使用情感的方式就行了。

37

所謂「江山易改，本性難移」，也許不少人認為性格無法改變吧。其實改變性格，不是改變與生俱來的脾性，而是改變「使用感情的方式」。

阿德勒小時候曾下定決心，告訴自己「不要生氣」，自此之後就真的沒再生氣過。這不是從「生氣的人」變成「不生氣的人」，而是停止「頻繁使用」稱為憤怒的情感，然後變成「幾乎不用」而已，像這樣便能改變性格。

改變性格不是替換掉個人具有的精神所有物，而是學習如何善用自己擁有的東西。不是該不該生氣的問題，而是如何處理憤怒的情緒，如何改變憤怒的頻率，這才是改變性格。由此可見，性格隨時都能改變。全部替換不是一件簡單的事，畢竟不想失去一直以來所擁有的，也會對於新的所有物有點排斥和猶豫吧。其實改變使用方式沒那麼難，性格是可以改變的。

只要有心想努力改變自己，
就非常有可能改變生活型態，
直到人生落幕的前一、兩天，性格還是可以改變的。

38

有人問阿德勒：「人到幾歲就很難改變性格呢？」阿德勒回答道：「死前一、兩天吧。」我想這句話肯定帶給不少人勇氣，只要自己有心「想要改變」，就有可能改變，為什麼呢？因為現在的生活型態是自己打造出來的。

要想改變生活型態，必須先清楚了解現在的生活型態。這裡指的不是「開朗」、「陰沉」之類的淺層性格表現，而是存在於性格本質中，稱為中心信念的「自我概念」、「世界觀」與「自我理想」。

為了清楚了解這三個價值觀，阿德勒心理學運用了家族構成分析、回想過往、以及喚醒與分析幼少時期的回憶等方法，然後借助諮商師的力量，自己改寫生活型態。但生活型態不是改寫在紙上，就能立刻改變的東西，要是稍不留意，很容易回到過去慣有的模式，所以必須重複幾百次、幾千次，才能發現自己一點一滴的改變。或許必須花上人生的大半時間，才能全部改寫完成。

Individual Psychology has found that all human problems can be grouped under these three headings: occupational, social and sexual.

阿德勒心理學發現，
所有人生問題都與工作、交友、愛，
這三大課題有關。

所有煩惱都是人際關係的煩惱

關於「生活型態」的阿德勒名言

所有煩惱都是人際關係的煩惱，
其實就連隱士，
也很在意他人的目光。

39

阿德勒認為，所有煩惱都是人際關係的煩惱。其實就連隱士，也很在意他人的目光，舉個小故事說明。

某個村子住著一位拋棄俗世欲念，猶如神仙的人。拒絕住在村子裡的他在深山裡蓋了一間小屋，過著自給自足的生活。他覺得，和村民交流毫無意義可言。

某天，村子發生大火，陷入一片火海，全村的人決定捨棄家園，遷居別處。沒想到猶如神仙的隱士也跟著遷居，搬到能夠遠眺新村子的另一座山。隱士沒有捨棄人際關係，他希望村民認為他是一個「捨棄俗世欲念，猶如仙人『清高』、『與眾不同』的人」，才想要當個隱士，所以他無法生活在沒有「觀眾」的地方。

所有煩惱都可以歸結成人際關係的煩惱，當你思考自己想成為什麼樣的人時，你一定會很在意周遭的目光。

「最近心情很低落。」

「忙到沒辦法休假。」

這些得以窺見內心煩惱的言詞，

全是因為人際關係出了問題。

40

「我年紀大了，贏不過年輕人啦……」這不是個人內心的煩惱，因為這麼說的同時，也是在強調：「我都這把年紀了，還挺努力的，不是嗎？」

「最近心情很低落……」這句話也不能單憑字面意思解讀，因為情緒低落的同時，也是在凸顯自己情感纖細、純真的一面。

「忙到沒辦法休假，好想偷閒一下喔……」這句話只是在強調自己很忙，絕對不是因此情緒低落。

乍看之下是在吐露內心煩惱的言詞，其實都有個想向「對方」強調自己的優越性的「目的」，這就是「使用的心理學」。

我們的言行、情感，都有想向「對方」強調什麼的「目的」。如同前述那位隱士，也是意識到「觀眾」的存在而決定自己的行動。正因為我們都很重視人際關係，所以人際關係是所有煩惱的根源。

像是身體出了狀況或是飽受精神疾病所苦，也是人際關係方面的問題。這是因為生病就能成為特別的存在，向對方強調自己的優越性。因此，對這個人來說，生病成了必要的手段。由此可見，所有事情都是人際關係的問題。

想過著沒有煩惱的生活，
除非宇宙中只剩下自己。

41

所有煩惱都是人際關係的煩惱。好比「工作不順利」、「無法達成目標」等煩惱，都與人際關係有關。如果工作不順利、無法達成目標，上司和同事都能這麼安慰：「沒關係啦！不要那麼在意。」也就不會煩惱吧。也就是說，不是煩惱工作不順利，而是煩惱也許會被上司和周遭人否定，這就是人際關係的煩惱。

但也有人否認以上論點。那種就算得到周遭人們的諒解，還是煩惱著要是目標一直沒達成，恐怕會被炒魷魚的人，阿德勒心理學認為，這也是人際關係的煩惱。擔心「也許會丟了工作」的煩惱，成了「不知能否在公司、社會中保有自己的安身立命之處」的煩惱，所以成天煩惱著自己該扮演什麼樣的角色、該如何貢獻心力，這也是人際關係的煩惱。

人無法獨活，若想完全從人際關係的煩惱中解放，除非宇宙中只剩下自己，否則永遠也無法逃離人際關係。

人生有三大課題，

第一，「工作的任務」。

第二，「交友的任務」。

第三，「愛的任務」。

而且這些任務越拖延，越難解決。

42

阿德勒認為所有人生的課題都與人際關係有關，大略分為三類，工作的任務、交友的任務、愛的任務，而且這些任務越拖延，越難解決。阿德勒將這三大任務統稱「Life Task」（人生任務）。

某位男性職員有個煩惱，那就是「每次和客戶洽商時，都能侃侃而談，絲毫不緊張，但只要一閒聊起來，就會突然緊張到說不出話來……」和異性說話時也是，非常緊張。這例子只要依阿德勒主張的三大人生任務思考，便能簡單說明。

生意上的洽商就是工作的任務，比起交友的任務與愛的任務，可說是人際關係中最簡單的一項。也就是說，與人閒聊、和異性交往遠比工作困難，所以和客戶以及異性來往時，當然會很緊張。交友與愛的任務的人際關係，遠比工作來得複雜，困難度自然倍增，至於該如何處理，容後說明。

沒人會無緣無故為了你做任何事，
「○○沒有為我做什麼」的煩惱，
就是你只想到自己的最佳證據。

43

「沒有為我做什麼」、「沒有好好珍惜我」、「不肯接納我的意見」，若有人因為這些理由，不再將對方「視為夥伴」，只能說這個人犯了極大的錯誤。很明顯的，這個人滿腦子「只想著自己的事」，既無法解決交友的任務，也無法活得幸福。

即便對方採取違背自己期待的行動，心態健全的人也會認同對方是夥伴，繼續來往。因為世上沒有人會為了滿足你的期待而活，你也不是世界的中心，每個人都是自己人生的主人翁，每個人都想成為世界的中心，所以你並未享有任何特權。

交友的任務不同於工作的任務，是個沒有方針與角色可依循的自由世界，難度比較高。工作之所以沒有處理好，很明顯是這個人的生活型態（＝性格）有問題，但基於「沒有為我做什麼」的理由，便將對方從夥伴名單中除名的人，絕對不是只有交友方面出了問題。當他面臨比交友更棘手的愛的任務時，一樣也會指責對方，讓自己嘗到不少苦頭吧。這是由於他不管面對什麼任務，都會用同樣的生活型態應付。

有些人為了逃避社交與愛情任務上的挫敗，
全心全意投入工作，
這種人恐懼週末假日的到來。

44

有些人從不休假，每天工作到深夜，成了所謂的工作狂。那麼，他們真的如此熱愛工作嗎？

當然有人的確是，但有人並不是，而且多的是那種為了逃避交友與愛的任務，而全心投入工作的人。

有一位朋友對我吐露心聲：「和妻子關係冷淡，所以不想回家，只好每天在公司待到她上床睡覺才回家。」可說是為了逃避愛的任務，只好全心投入工作的典型例子。

他們熱中工作的理由，不單是為了逃避「目前面臨的交友與愛的課題」，也是為了逃離「將來可能會面臨的交友與愛的課題」，而投入工作尋求慰藉。譬如，有人「因為工作太忙，遲遲結不了婚」，就阿德勒心理學的觀點來看，其實這個人根本不想結婚，只是因為害怕婚姻失敗、害怕人生遭受挫折，選擇逃避必須面對的人生課題。

「因為工作太忙，沒空拓展社交圈」的理由也是一樣，為了逃避「自己不擅與人交際」的挫敗，所以拚命工作，努力將自己與他人隔離。

所謂「愛的任務」，
就是結交異性以及夫妻關係。
正因為是人生最困難的任務，
若能克服，相信能過著無憂無慮的人生。

45

老是把另一半的話當耳邊風，卻聽得進去毫不相干的外人說的話，夫妻因此大動肝火，你是否也有過這種經驗呢？人們對於親近之人的忠告總是感到棘手，反倒比較容易接受關係沒有那麼親密的人說的話。

富士山遠看是一座美麗的山，但走近一瞧，卻是布滿凹凸岩石，垃圾棄置的髒亂景象。情侶與夫妻的親密關係也是如此，遠看總是看見對方美好的一面，膩在一起時，就老是會注意到對方討人厭的地方。而且男女之間的價值觀、思維，以及社會上扮演的角色都不太一樣。儘管存在這些差異，還是距離最相近，也是最難處理的關係。

我們只要活著，就無法逃避關於愛的任務，所以克服這任務的同時，便能得到無憂無慮的人生。那麼，該如何克服愛的任務呢？其實和克服工作、交友的方法一樣，只是要求的層級更高，所以無法解決工作與交友任務的人，絕對無法克服愛的任務。

若只會用一味批判的方式，
約束另一半、教育另一半，
這樣的婚姻絕對不會幸福。

46

結婚本來就該是比任何人都珍惜對方，將對方看得比自己重要。我們不該老是想著「自己要如何主導」或「如何讓對方按照自己的要求」，而是思考「能夠給予對方什麼」、「如何讓對方開心」並付諸實行。然而，這種事不能單憑一方，必須雙方都有共識，這是維持幸福婚姻的唯一方法。

因此，當任何一方覺得「聽我的準沒錯，他老是判斷錯誤」，彼此的關係就容易亮紅燈。或是認為「自己比較有見識，必須好好教育水準比較低的對方」，也很容易導致關係緊繃，因為彼此處於不對等的狀況。

支配不只表現在言語上，柔弱的女性為了支配男性，往往會利用一哭、二鬧、裝病等方式達到支配對方的目的，這也是一種靠能力支配對方的手段。可想而知，這樣的關係肯定好不到哪兒去。至少彼此要處於對等的立場，懂得珍惜與給予，才能克服愛情與婚姻的課題，迎向幸福人生。

關於愛情與婚姻的課題，是以男女平等為前提，一旦崩壞，彼此之間永遠都有解決不完的問題。

The investigation of the family constellation reveals the individual's field of early experience, the circumstances under which he developed his personal perspective and biases, his concept and convictions about himself and others, his fundamental attitudes, and his own approach to life, which are the basis of his character, his personality.

只要調查家族構成與配置，
便能明瞭一個人的生活型態如何養成。

家族就是世界

關於「家族構成」的阿德勒名言

對孩子來說，家族就是「世界」，
要是不被父母所愛，便無法活下去。
為了爭取父母關愛而使出的手段，
深深影響性格的養成。

47

應該不少人看過母馬生小馬的動物紀錄片吧。剛生下來的小馬，馬上就能靠自己的腳行走。但人類不一樣，相較於其他動物，人類的孩子是在極度不成熟的狀態下出生，要是沒有父母的協助，無法獨立存活。因此，人類的孩子極度恐懼被父母拋棄，被父母拋棄，等同宣判死刑，所以孩子會拚命努力爭取父母的關愛與認同。

有些孩子聽從父母的話，當個乖孩子博取父母的愛；有些孩子無法成為優等生，只好強調自己的弱勢，設法引起父母的關愛與守護；還有些孩子故意做些讓父母傷腦筋的事，迫使父母不得不重視他的存在。這些孩子乍看之下是不同類型的孩子，其實他們的目的只有一個——吸引父母的關注與關愛，只是施行的策略不同罷了。孩子會不斷測試，從中找到成功的方法，甚至長大成人之後還會反覆使用，成了孩子的生活型態（＝性格）。

老大很會念書，老二擅長運動，么兒喜愛閱讀。
兄弟之所以各有所長，是有理由的。
因為各自擅長的領域都得到認同。

48

老大是個很會唸書的優等生，老二是擅長運動的陽光男孩，么兒性格內向，喜歡閱讀、打電玩。三兄弟之所以個性不同，擅長的領域也不一樣，其實是有理由的。

阿德勒認為家族關係，尤其是兄弟姊妹（以下稱為兄弟）之間的關係，對於生活型態（＝性格）的養成影響甚鉅。身為家中第一個孩子的老大，獨占父母的愛，但隨著老二出生，失去獨占優勢，父母的愛也被瓜分掉了。於是，兄弟之間開始爭奪「父母的愛」。老大、老二、么兒各自強調自己擅長的領域，爭奪父母的關注。然而，彼此不但不會涉及對方擅長的領域（像是讀書、運動等），還會設法開創新領域（像是藝術等），藉以向其他手足誇示自己的優越感，博取父母的認同。

阿德勒心理學，主張手足關係對於孩子的生活型態養成，遠比親子關係來得深遠。因此，透過調查稱為家族配置的族譜與家人之間的關係，以及家庭氣氛與家人共同的價值觀等等，可以分析一個人的心理層面。

身為家中第一個孩子的老大，獨占父母的愛。
但隨著老二的出生，
瞬間失去擁有的「王座與特權」，
當然會想奪回以往的「王國」。

49

對父母來說，老大是第一個孩子，會獨占父母所有的愛。但隨著老二的出生，老大瞬間被奪走了「王座」，原本獨享的各種特權，突然多一個人來分享，還奪走父母更多的關愛與時間。可想而知，老大當然無法忍受，所以很多時候，老大會欺負弟弟（妹妹），藉以引起父母的關注。孩子若是得不到正面回應，很容易出現偏差行為。

很多時候，老大由於年紀較長，無論體格和智能在手足之間都是比較出色的，責任感也比較強，多半擔任領導角色，所以長大之後也會展現領導特質。

此外，排行家中的老大也很容易成為追求高遠目標的努力者，或是要求自己「永遠都是最優秀」、「永遠都是正確的」這般理想主義者與完美主義者，強迫自己隨時保持最佳狀態。性格方面，也會比較傾向重視法律、規則、權威與輿論的保守性格。

因此，阿德勒認為基於種種理由，排行老大的人比較容易出人頭地，成為社會上支配的一方。

排行中間的孩子由於無法獨占父母的愛，
容易變成好勝心強、具攻擊性又個性彆扭的人，
思維方面也比較傾向
「自己的人生必須靠自己開拓」。

50

這裡指的是夾在年長的兄姊與年少的弟妹之間，排行「中間」的孩子。老大在老二還沒出生之前，獨占父母的愛，身為家裡最小的孩子則是備受寵愛。夾在兩者之間，排行中間的孩子由於無法獨占父母的愛，因此而具有強烈的競爭心態。阿德勒認為，排行中間的孩子必須設法凸顯自己的存在，也就容易養成好勝性格。

此外，排行中間的孩子因為經常與兄弟姊妹競爭，家中地位不太穩定的緣故，容易感覺「自己被漠視」、「得不到關愛的眼神」，「遭受不合理的對待」，所以對於「不合理、不公平」的事特別敏感，總是想著「自己必須爭一口氣才行」，也就容易變成具有攻擊性、個性比較彆扭的人。

排行中間的孩子由於有哥哥、姊姊這明確的追尋目標，所以想法較為務實，也比較容易成為現實主義者。

家中有三個小孩時，通常排行中間的老二與老大的個性截然不同，如果老大很活潑，老二就比較文靜，這是因為老二企圖藉由不同於老大的領域，凸顯自己的特色。

排行家中最小的孩子往往集三千寵愛於一身，
容易成為不懂努力，
強調自己是個什麼也不會，
「永遠長不大」的人。

51

家中排行最小的孩子和其他手足不一樣，父母通常不會要求他們獨立，也不會對他們說：「好了，從今天開始你當哥哥（姊姊）了，自己的事情要自己處理。」所以排行最小的孩子十分甘於「永遠長不大」的心態。很多時候，由於父母抱著「生完這孩子就不生了」的決心，將所有的關愛給了最小的孩子，所以最小的孩子比較容易成為被寵壞的小孩。

像這樣被寵愛長大的小孩一旦遇到問題時，比較不像老大、老二會想著「自己必須想辦法解決」，而是藉由強調自己的弱勢與無能為力，依賴父母和其他手足幫忙解決問題。阿德勒認為排行最小的孩子很容易因此而成了行為偏差的問題小孩。

但也因為上頭有兄姊的關係，排行最小的孩子比較擅長與人交際，而且在三位以上的手足彼此競爭時，排行最小的孩子往往會與老大結盟，共同對抗排行中間的孩子。

但阿德勒認為不是所有家中排行最小的孩子都是習慣依賴、被寵壞的小孩，其中不乏表現得比兄姊出色，成為人生勝利組的例子。

獨生子女往往深受父母影響，
而且由於沒有兄弟姊妹的緣故，
不少人對於人際關係感到很棘手。

52

獨生子女因為沒有競爭對象，獨占父母的關愛與關注，不但容易被寵壞，也容易成為凡事以自我為中心的任性孩子，認為「自己備受注目是理所當然的」、「向別人求援是理所當然的事，沒有出手援助的人就是敵人」。

而且因為與父母關係親密，往往深受父母影響。譬如，父母個性比較多慮的話，孩子也會比較缺乏自信與安全感。

不少獨生子女因為沒有手足之間的爭奪、吵架、耍手段以及妥協等經驗，對於人際關係感到很棘手。不過，由於身邊多是大人的緣故，獨生子女比較有長輩緣，卻也比較不曉得如何和同年齡的小孩相處。

再者，獨生子女身邊都是大人，很容易覺得自己無法獨立處理事情，於是對自己越來越沒自信，習慣依賴別人，反正與其自己親手解決問題，不如拜託別人比較快，凸顯自己的無能為力，希望別人代為解決問題。

當然也有那種責任感強，非常獨立的獨生子女，這時父母必須幫助他們心生勇氣。

孩子的一言一行之所以像父母，其實是有理由的。
因為孩子藉由模仿父母，試圖得到父母的權力，
結果就是拷貝父母的言行舉止。

53

孩子之所以像父母，原因不是只有遺傳，孩子會無意識地模仿父母的一言一行，其實是有理由的。

第一個理由就是與父母結盟，向其他家人強調自己的存在。「那孩子跟爸爸真像」、「這孩子很像媽媽」藉由這般認同與父母結盟，向其他家人誇示自己的存在，取得家中的優勢地位。

孩子不只會模仿和自己感情親密的父母，也會模仿與自己關係對立、嫌惡的父母。這般情形就成了第二個理由，也就是孩子試圖在衝突中得到父母擁有的權力。因為對孩子來說，嚴厲的父母是權力的象徵，所以渴望在家中擁有權力的小孩會無意識地模仿父母，試圖得到權力。

由此可知，無論是第一個理由還是第二個理由，目的都一樣。意即孩子模仿父母是為了讓自己在家中具有優勢地位的一種策略，而且是無意識地進行。久而久之，孩子不但一言一行和父母很像，連神情也很像。

孩子無法無視父母抱持的價值觀，
不是全面服從、接受，就是徹底反抗。
所以明明身為警官的子女，
卻為非作歹，就是基於這理由。

父母抱持的價值觀，稱為家族價值。家族價值是家族的理想，也是目標。譬如，「學歷很重要」、「男生要有男子氣概，女生要有女孩子樣」、「勤勉至上」、「金錢決定一切」等等。

家族價值不單是父母都同意的東西，就算彼此沒有達成共識，沒有硬性規定，但一旦成為家中話題，也會成為一種家族價值。

孩子無法無視家族價值。很多時候，孩子不是全面服從、接受，就是徹底反抗。好比警官的子女面對「做人就該循規蹈矩」這種家族價值，通常會出現兩種反應，一種是全面服從，嚴以律己；另一種是徹底反抗，為非作歹。同樣的，老師的孩子在學校表現不佳，也是徹底反抗的典型例子。

可見家族價值深深影響孩子的價值觀，但必須注意的是，孩子的性格絕對不是依據父母的價值觀，也就是「因果律」決定的。而是孩子依照自己的意思，決定服從或是反抗，別忘了每個人都具有「自我決定性」這項特質。

「聽話的乖孩子」、「愛撒嬌的孩子」、
「活潑的孩子」、「容易害羞的孩子」……
孩子會拚命努力，
回應父母給自己貼的標籤，

「這孩子非常有責任感呢！」被母親這麼誇讚的孩子為了回應父母的期待，會不斷督促自己「一定要非常有責任感」，甚至要求自己加倍「發揮責任感」，只為了回應父母給自己貼的標籤。不只對於「非常有責任感」這正面的標籤如此，像是「愛撒嬌」、「活潑」、「害羞」等標籤也是如此。

孩子會努力回應父母的期待和貼在自己身上的標籤，因為他們認為要是背叛父母的期待，也許就會被拋棄。此外，他們也會因為回應父母貼的標籤，受到周遭關注，而更積極的回應。

總之，孩子會努力回應父母的期待與貼在自己身上的標籤。

但凡事過頭容易招致反效果，當孩子「不想再背負任何責任」時，就會做出不負責任的行為，也會因為疲於當個「好孩子」而學壞。

由於這種結果不是父母期待的，所以父母會有一種「遭到背叛」的感覺。問題是，孩子之所以採取這樣的行動，有時也是因為無法負荷父母的期待。因此，父母的期待以及給孩子貼上的標籤，會深深影響孩子的人格發展。

阿德勒流派的諮商心理師，
是藉由了解家族構成與童年，
剖析現在的「性格」。

56

性格（＝生活型態）是人生的腳本，也是地圖。人類會使用在幼年時期十歲左右完成的腳本與地圖，一輩子不斷重複同樣的思維、情感與行為模式。諮商心理師為了幫助當事人消除身體與心靈方面的苦惱，必須先弄清楚當事人現在的生活型態，若有偏差的部分，諮商心理師必須擔任領航者，將當事人引導至正確的生活型態。

阿德勒學派的諮商心理師最重視的，是藉由診斷當事人的生活型態，分析家族配置以及幼少時期的記憶，也就是回想早期回憶。關於家族配置分析，就是弄清楚一起共度幼少時期的家人的年齡、職業、性格、身體，以及聰穎程度、社會地位與職業等等。此外，也會標示彼此之間的感情好壞，推測當事者與父母、兄弟姊妹之間的相處情形，進而推論當事者的生活型態（自我概念、世界觀、自我理想）。

回想早期回憶分析是一項非常有效的方法，也就是請當事人回憶三至六個最久遠或是最深刻的記憶，進行分析。這時，即便記憶曖昧或是過於極端、造假也沒關係，因為被修改或創造的記憶也有其意義，因為藉此能了解當事人現在的性格。

Everybody can do everything.

誰都能做任何事。

不能斥責，也不能稱讚

關於「教育」的阿德勒名言

在被斥罵、稱讚中長大的人，
要是不被斥罵、不被稱讚，就不會採取行動。
於是他們認為不評價他們的人，
都是敵人。

57

現在還是有很多人相信「不是給糖吃，就是給鞭子」恩威並施的教育，也就是用稱讚、斥責的方式教育孩子才是正確的，其實不然。若有人因為一句稱讚而照我們的意思行動，這個人肯定不是依自己的意思行動，所以一旦我們不再給予讚美，他就不會採取行動。也就是說，只要用讚美的言詞驅使對方，一輩子都必須用這種方式對待他。然而，對方只有在被我們看見的時候，才會採取行動，要是沒被看見，就不會主動行動。

其實用處罰、斥責方式防止對方採取我們不想看到的行動，得到的結果也是一樣。由於對方不是依自己的意思停止行動，一旦沒有強行制止，對方肯定會持續做出偏差行為，而且會在我們無法監視到的地方，做些令人傷腦筋的行為。由此可見，恩威並施的教育無法解決任何問題。

不僅如此，當對方習慣被稱讚、斥責等手段操控時，一旦自己不受稱讚時，就會視我們為敵人，責備我們「為何不稱讚他？」所以我們不能試圖操控對方，因為這不是良善的教育方式，反而招致反效果。

斥責只能求得一時的效果，
不但無法根本解決問題，
還會奪走對方挑戰困難的活力，
使對方越來越我行我素。

「不可以！不能這樣！」斥責或許能迫使孩子暫時停止行動，「要是再這樣，就不給你點心吃！」威脅也許能暫時讓孩子聽從自己的意思行動，但「斥責」、「處罰」、「威脅」都只能求得一時的效果，這些試圖解決孩子不當行為的方法，其實大多會帶來負面影響。

一味叨念、斥責，只會使孩子喪失自信、深受傷害、失去勇氣，甚至會奪去他挑戰困難的活力，只想逃避問題，做出更多不當行為。同樣的，處罰與威脅方式，只會使對方心生怨恨，變得更難以溝通、越來越獨斷而行。這種情形不限於親子之間，像是前輩對待後輩、上司斥責部屬時也是一樣。一味斥責只會奪去對方的活力，使對方變得更頑固，越來越我行我素，只會招至反效果罷了。

但我們往往不曉得這番道理，誤以為暫時的平息就是根本的解決之道，也才會一直重蹈覆轍「斥責」、「處罰」、「威脅」這些錯誤的教育方式。我們應該以對等視線進行良性溝通，不能因為一時的扼阻產生效果而丟失問題本質。

只要透過親密溝通，
就能讓對方明白自己的錯誤。
重要的是，這麼做能建立信賴關係。

59

「我知道『不能斥責』，卻無法矯正對方的不當行為，究竟該怎麼辦才好？如何在不斥責對方的情況下，讓對方明白自己的錯誤？」面對這般提問，阿德勒明確回答道：

「沒必要任何事都用斥責、處罰或威脅方式解決，向對方簡單的說明，進行親密的溝通就夠了。只要建立信賴關係，對方就能接受。」

重點就是建立信賴關係。這麼一來，便能讓對方接受我們的說明和溝通，而且不能當對方一出現不當行為就當場點明，因為此時說話的口氣與用語很容易變成責備，如同前述，假溝通之名的斥責絕對沒有任何教育效果。

最好在對方出現不當行為之後，過一段時間，待氣氛變得和緩時，再進行溝通。而且，溝通時避免使用試圖支配、操控對方的話語，例如「要是你能這麼做，我會覺得很開心」、「你要是做出這般行為，我會很傷心」等等，只要坦白傳達自己的感覺就行了，再來就是等待對方依自己的意思改變行動。

一旦不當行為引起注目，
人們就會重複這種不當行為。
結果斥責一事，
成了促使對方染上惡習的最佳訓練方式。

60

孩子只是將手靠近鼻子，便遭父母斥責：「不要挖鼻孔！」如此一來，孩子下回一定會挖鼻孔，「不是跟你說不能這樣嗎?!」母親看到，馬上斥責的結果，就是讓孩子染上挖鼻孔的惡習。其實孩子不是恣意養成習慣，而是由於母親斥責一事，養成挖鼻孔的習慣。

斥責無疑是促使一個人染上惡習的最佳訓練方式，也是最有效的方法。孩子不斷重複能引起父母注意的事，而且一旦得不到父母的正面評價，就會開始做些招致負評的事。因為孩子最怕遭到父母漠視，倒不如討罵挨，還能引起一些關注。因此，孩子遭到父母斥責，反而覺得開心，也就繼續挖鼻孔的惡習，其實這般情形不限於親子關係。

制止對方不當行為的方法，就是即使發現也不要當場戳破，更不要出聲責備。待對方不再出現不當行為時，關注與認同對方的恰當行為。一味著眼於對方的不當行為只會招致反效果。不僅如此，即使是一點小事，也要關注對方的恰當行為，這才是教育者應有的姿態。

不要總是和別人比較，
即便只是一點小事，也要找到他的長處，
讓他發現自己的優點，才是最重要的事。

61

「你看看隔壁的Ａ君！人家那麼乖！和他比起來，你真是太不像話了！」、「看你妹妹小Ｂ多麼乖！你這個做哥哥的卻不聽話，要向小Ｂ看齊！」

為人父母教導孩子時，習慣以周遭的孩子或兄弟姊妹為例，進行比較，試圖舉個範本，讓孩子知錯，達到懲處的效果。其實這麼做一點效果也沒有，因為比較一事，只會讓孩子喪失自信、內心受傷。當自卑感越來越膨脹時，孩子就會朝著錯誤的方向發展，試圖彌補內心的自卑感，絕大多數情形都會導致不當行為的產生。父母在孩子之間做比較，不但無法制止孩子的不當行為，反而引發更多不當行為。此類問題不限於親子之間，像是前輩與後輩、上司和部屬之間也會發生，一定要戒掉總是拿他人來比較的習慣。

其實最正面積極的作法是找到對方的長處，哪怕只是一點小事，讓對方發現自己的優點才最重要。認同對方的優點，鼓勵對方創造更多的優點，若真的要比較，那就比較過去和現在的他，然後稱讚「蛻變」後的他。

人只能透過失敗來學習，
藉由失敗的經驗，
守護自己「想要改變」的決心。

62

阿德勒心理學主張的教育方式，非常重視「體驗結果」。假設孩子不肯收拾玩具，就算用斥責、威脅的方式逼他收拾，孩子也不會記得收拾玩具。採取放任不管的態度，反而更有效果，當孩子嘗到找不到玩具的痛苦時，就會明白收拾玩具的好處，學習到收拾玩具遠比找玩具輕鬆多了。

但對大人來說，放任孩子不收拾玩具也是一件難以忍受的事，建議準備一個大箱子，將孩子散落四處的玩具和衣服全部塞入箱子。這麼一來，不但地板保持乾靜，大人也輕鬆多了。於是，孩子體驗到從東西塞成一堆的箱子裡找玩具的辛苦，自然學習到收拾的重要性。

這種「體驗結果」的手法不限於親子教育，大人也適用。因為人透過失敗來學習，所以適度的放任很重要。比起擔心一次、兩次的失敗，而不願放手讓他學習，學會故意讓他失敗的心態更重要。不是因為做得到而放手，而是因為放手才做得到，阿德勒的教育觀點也適用於成人。

體驗結果的方式，
遠比處罰來得有效。
要是到了吃飯時間，孩子還在外頭流連忘返的話，
不必斥責，沒收他的晚餐就行了。

明明說好六點一定要回家吃飯，有些孩子卻總是玩到忘了回家，母親只好把飯菜再熱一次，又得再洗一次碗盤，孩子卻覺得無所謂，依舊不準時回家吃飯。這時，大多數母親除了斥責孩子之外，別無他法。其實，只要讓孩子體驗結果，不必強制，孩子也會依自己的意思守規矩。

阿德勒的得意門生魯道夫・德瑞克斯，給了有這種煩惱的母親以下的建議：「『要是不遵守吃飯時間，就不給飯吃』和孩子約法三章，遵守約定就對了。如果孩子晚歸，問母親：『媽，晚餐呢？』母親只要回答：『因為你沒有遵守約定，所以沒收你的晚餐』。」

這是讓孩子體驗另一種結果的方法，也有別於前面提到的自然結果，這方法不僅適用於孩子，對大人應該也很有效。好比若沒有嚴守交貨日期，就要換人做做看等等，在職場方面也很適用。但若約定過於嚴苛、不近情理，只會讓對方認為是一種「處罰」而非約定。此外，讓對方體驗結果時，切記別在一旁嘮叨，這會讓對方覺得也是一種「處罰」。用體驗結果的方式代替處罰，這是阿德勒主張的教育方式。

「這孩子的反應比較慢……」
母親擅自解讀孩子的心思。
結果就是孩子認為自己沒必要發表意見，
真的成為反應比較慢的孩子。

父母怕孩子受苦，總是忍不住拉他們一把，但這麼做只會養成孩子的依賴心，成了教養上的一大妨礙。為人父母當然要呵護孩子，但呵護與溺愛是不一樣的，溺愛只會妨礙孩子獨立完成一件事的機會。「你不會做啦！我幫你就行了。」這樣就是剝奪孩子成長與學習的機會。「這孩子要是沒有我，什麼也不會……」藉由孩子依賴自己一事，抬高自己存在的意義與價值，導致孩子成了「要是沒有父母的協助，自己什麼也不會」一味依賴父母的人。當然這種情形也適用於其他方面，像是凡事親力親為、不懂得放手的上司，只會調教出無法獨力完成任何事的部屬。

教育就是讓對方學習獨立解決問題，絕對不能讓對方養成依賴的習慣。溺愛只會讓對方變成寄生蟲，失去獨立解決問題的意願與能力。父母應該給予孩子獨立解決問題的機會與勇氣，而不是替孩子解決他們必須面對的問題。

當你對自己的教育方式感到迷惑時，不妨問問自己：
「對方透過這種體驗能學習到什麼？」
這麼一來，一定能找到答案。

65

譬如，你明明和孩子這麼約法三章：「要是不收拾玩具，下次就不准玩。」孩子也同意。結果孩子不但沒有遵守約定，還為了不能玩而哭鬧，吵到別人。此時你十分猶豫到底要不要打破約定，買玩具安撫孩子，究竟該怎麼辦呢？

這時，不妨問問自己：「對方透過這種體驗能學習到什麼？」照這例子來看，如果打破約定，買玩具安撫孩子，恐怕孩子學到的是「雖然沒有遵守約定，反正哭鬧一下就能得到原諒」，父母的處理方式顯然給了孩子錯誤的想法。因此不應該買玩具安撫孩子，但也不必責罵，而是微笑地對孩子說：「你不能玩，媽媽也覺得很可惜，所以我們下次一起收拾吧！」

這方法是連大人也適用的通用法則。當我們對自己的教育方式感到迷惑時，不妨問問自己：「對方透過這種體驗能學習到什麼？」這麼一來，我們就能找到自己該如何處理的答案。

There is one single and essential point of view which helps us to overcome all these difficulties; it is the view-point of the development of the social feeling.

能夠解決任何問題的整合性觀點，
就是發展為共同體感覺。

對他人有貢獻是讓自己幸福的唯一方法

關於「共同體感覺」的阿德勒名言

你要重視的不只是自己的利益，還有夥伴的利益。
施比受更有福，
這是得到幸福的唯一方法。

66

阿德勒和他的得意門生魯道夫・德瑞克斯，都一再強調擁有「共同體感覺」的重要性。為什麼呢？因為這是從煩惱中解脫，得到幸福的唯一方法。所謂共同體感覺，就是由「對他人有貢獻」而形成的。找不到安身之地是一件非常可悲的事，而且這種事就算再怎麼發牢騷，也沒有人能幫忙。既然如此，就自己打造吧。必須從「對他人有貢獻」開始做起，從中獲得他人的感謝，也得到他人的回饋與支援，在社會中打造安身之地。

阿德勒主張的共同體感覺，概念與基督教等宗教，以及當代自我啟發論極為相近。阿德勒心理學一直被過去的心理學家批評「不科學」，但要想擁有健全的人際關係，也就是健全的人生，絕對不能缺少共同體感覺。阿德勒的概念在當代心理學中，早已成為「常識」，也是之所以「阿德勒的思想是超越時代一世紀的先驅」的理由。

若覺得「找不到自己的安身之地」，不要愚昧的要求「周遭人們理解你」，而是主動為周遭人們貢獻什麼，這麼一來，一定能找到自己的安身之地。

總得有人起頭才行。
就算沒人在意，也沒人認同，
總之，「由你」開始做起就對了。

67

在阿德勒之前的心理學界，影響力最大的當屬佛洛伊德，兩者的理論可說截然不同。「為什麼必須愛鄰人？」、「我的鄰人愛我嗎？」佛洛伊德的心理學，是從探討在溺愛中長大的孩子的理論開始。相較於佛洛伊德，阿德勒則是從成熟大人的理論著手。

阿德勒認為：「『為什麼必須愛鄰人？』、『我的鄰人愛我嗎？』會這麼問的人，無法進行協力訓練，因為他們表露出只關心自己的心態。他們的人生之所以失敗，一切都是因為只想到自己。」

阿德勒還提到各種宗教的教義，其實與他主張的共同體感覺十分相似。阿德勒曾說：「我贊同所有活動與努力的最終目標，就是人們協力合作。我對於現今能用科學方式佐證這種思想的價值，十分感興趣。」

阿德勒的教導與基督教教義有著十分相近的部分。「必須有人起頭才行，就算沒有別人的協助也沒關係，由你開始就對了。」也就是說，「就算鄰人不愛你，你也要愛鄰人如愛自己。」我深感此論點是為求掙脫一切痛苦的箴言。

「別人會向我伸出援手。」
「我對別人有貢獻。」
「我是夥伴之一。」
這些感覺都能讓你掙脫困難。

「共同體感覺」可說是阿德勒心理學的中心思想。阿德勒認為：「阿德勒心理學的實踐目標就是『共同體感覺』的養成，只要發展『共同體感覺』就能掙脫一切困難。」「共同體感覺」由以下三種要素構成。

①人們會向我伸出援手＝信賴別人；②我對人們有貢獻＝信賴自己。③（結果）我在共同體中找到安身之地＝歸屬感。

而且①的信賴他人與②的相信自我有著相互的因果關係，正因為感受到①人們會向我伸出援手，我才能對他人有貢獻。如果感覺人們都與我為敵的話，我可能會因為過於恐懼，很難做出任何對他人有貢獻的事。為什麼呢？因為害怕別人拒絕我的善意，害怕因此受到傷害。換個角度看也是如此。如果感覺②對他人有貢獻，就有自信做些對他人有貢獻的事。相反的，如果不信賴自己，就會覺得自己無法做任何對他人有貢獻的事，也不敢踏出第一步。

那麼，感覺不到①與②的人，該如何是好呢？答案如同前述，從你開始做起就對了。不求回報，不求別人的認同，從自己開始做起。

你是否滿腦子只想著自己的事？
掠奪、支配、逃避一切的人，
這種人無法得到幸福吧。

69

阿德勒於一九三三年發表了以下主張，以「共同體感覺」高的人以及低的人為縱軸，加上以活動力高的人與低的人為橫軸，分為四大象限。兩者都高的人就是「對社會有貢獻的人」，也是最健全的類型。理論中發現，沒有人共同體感覺高、活動性卻低，可見共同體感覺高的話，一定會伴隨著活動力。此外，共同體感覺低的人，又分為兩類。

一種是活動力高的人，這種人會成為「支配」者，「大力」進行「凡事先想到自己」的活動，想像自己支配別人的模樣，這麼做只會讓自己越來越孤立，人生絕對不順遂。

另一種是共同體感覺以及活動力都很低的類型，又細分為「凡事先想到自己」與「不活動」這兩種類型。一種是「掠奪者」（Getter），也就是視掠奪別人為理所當然之事，絲毫不知感謝，甚至怨恨不支援他的人。可想而知，這類型的人無論是人際關係還是人生都不可能順利。

另一種類型是「逃避世事的人」，由於共同體感覺低，人際關係較差，覺得人際關係很麻煩，寧可躲在自己的象牙塔裡，精神疾病患者就是屬於這一類。

除非提升我們的共同體感覺，否則無法過著幸福人生。

一旦覺得沒有了容身之處，
精神方面就容易出狀況，甚至酗酒。
只要做些對別人有貢獻的事，就能確保安身之地。

70

犯罪者、精神疾病患者、酗酒、性觀念偏差者、自殺者……乍看之下，這些人各有其不同的問題，但阿德勒一語道破他們的問題根源只有一個，那就是缺乏「共同體感覺」。這些人凡事都先想到自己，感受不到別人的支援，覺得自己被社會孤立，沒了安身之地，所以藉由各種偏差行為，尋求補償與慰藉。阿德勒論斷：「若能讓他們發展共同體感覺，便能掙脫一切困難。」

犯罪者藉由欺騙社會與愚弄公權力，得到優越感，這是缺乏共同體感覺，為了在社會中尋求安身之地而引發的行動。精神疾病患者博取周遭的同情，得到「因為有病在身，也是沒辦法的事」這張免罪牌，替自己得到「要是沒有生病就能做到」的藉口，這也是由於缺乏共同體感覺，為了找回安身之地的緣故。各種偏差行為的根源，都是無法隨著提升共同體感覺去得到「在社會中的安身之地」，而拚死所做的挽救行動。問題是，他們獲得的並非「真正的」安身之地，勢必迫使自己走到盡頭。

「因為在工作上遭受挫敗，所以不想工作。」

「因為在人際關係上遇到挫折，所以無法與人打交道。」

——這樣的人生簡直糟到極點。

71

有些人認為，避免失敗與挫折最確實的方法就是不挑戰，避免在職場上輸給對手的最佳方法就是不上班，避免被異性甩的最有效方法就是不告白，只要不與人打交道，就不會受到傷害，比起人際關係上的受挫，不如一個人落得輕鬆。

問題是，人只能在人群中感受到幸福，就算在無人島上開名車、住豪宅，也感受不到幸福。工作的任務、交友的任務、愛的任務……人生就是必須面對一連串的任務。唯有提起勇氣挑戰任務與克服任務，才能嘗到幸福滋味。克服這些人生任務的必備利器，就是克服困難的活力，也就是好比汽油的「勇氣」，以及賦予方向的「共同體感覺」，只要擁有這些利器，一定能解決所有任務。

工作的任務只能靠著對任何客戶都能有貢獻來解決，社交的任務是靠著對朋友有貢獻，以及對於朋友的信賴來解決。愛的任務則是必須更深入兩者間的關係，才有可能解決。這麼一來，就能找到稱為歸屬感的容身之地，擁有沉靜的心。

絕對不能侵犯對方的權利。
若能尊重對方的權利，交由對方決定，
就能信賴自己、信賴他人。

72

父母與孩子、上司與部屬、前輩與後輩，即使有著上下從屬關係，要是侵犯對方的權利，一定會引發對立衝突。像是父母命令孩子收拾房間，孩子不但不聽話，還會頑固的拒絕收拾。這時，只會引發親子之間宣示權力的鬥爭。同樣的，上司與部屬、前輩和後輩之間也會爆發類似的衝突。

一旦強制，就會引發對立與權力鬥爭。其實只要交由對方自己決定，尊重對方的權利，便能消弭對立關係，對方也能冷靜判斷。經過一番冷靜思考之後，若對方覺得必須收拾的話，就會出於自己的意思收拾。

像這樣反覆的強制與對立，對方不但無法培養出共同體感覺，反而因為遭到斥責與強制，加深自卑感，失去自信。強制也會迫使你將對方視為敵人，變得不再信賴他人，最終就是失去自己在社會上的容身之地。

相反的，如果父母與上司懂得交由孩子與部屬自己決定，尊重對方的權利，孩子與部屬就會信賴自己，學會信賴他人，找到自己在家庭、組織、社會上的容身之地，也會開始培養共同體感覺。基本上，培養共同體感覺的第一步就是停止強制行為，增加受到他人尊重的體驗。

不是稱讚對方：「你做得很好呢！」
而是向對方傳達感謝之意：「謝謝你的幫忙。」
只要讓對方體驗到被感謝的喜悅，
就能使他自發性地持續做些對別人有貢獻的事。

73

父母和老師要想提升孩子的「共同體感覺」，必須從幫助孩子累積信賴自己、信賴別人的體驗著手。具體來說，就是向孩子請求協助，然後傳達感謝之意。

無論是誰，受到別人感謝都會很開心，初次收到由於自己的貢獻而回報的謝意，不但感受到自己的價值，懂得信賴自己，也會對別人產生信賴感，學會信賴別人。

「感謝」和「稱讚」不一樣。譬如，孩子幫忙收拾時，你對他說一句：「謝謝，真是幫了大忙呢！」和說一聲：「你做得很棒喔！」孩子感受到的印象截然不同。「感謝」是一種平行的視線，「稱讚」則是一種俯瞰的視線，就像新進員工不可能對老闆說：「你做得很棒喔！」要是這麼說，老闆肯定勃然大怒。為什麼呢？因為「稱讚」是一種俯瞰的視線，是以「原先並不看好」的感覺為前提。

比起「稱讚」的俯瞰視線，「感謝」的平行視線更能增進信賴自己與信賴別人的效果。增加貢獻與感謝的體驗是培養共同體感覺非常重要的事。

讓他人感受到喜悅，
是擺脫痛苦的唯一方法，
只要思考「自己能做些什麼」，付諸行動就對了。

74

深為精神疾病、失眠所苦的患者問阿德勒：「如何才能擺脫痛苦？」阿德勒回答道：「讓別人感受到喜悅，思考『自己能做些什麼？如何才能讓他人感受到喜悅？』然後付諸行動。如此一來，就不再悲觀、失眠，一切就能迎刃而解。」

身為解說者的我，活用記事本實踐這個理論。我每天翻閱記事本，列出自己能帶給周遭人們喜悅的事，然後提醒自己逐一實踐。記事本裡將周遭人們分類成「家人」、「朋友」、「同事」與「客戶」，然後每天早上列出「讓對方喜悅的方法」，盡力實踐。因為再也沒有比讓對方喜悅、收到感謝的心意，更幸福的事了。如此一來，就能找到自己在社會中的容身之地，提升共同體感覺。

此外，累積小小的善行也很有效。像是順手撿起掉在路邊的空罐；讓座老弱婦孺；搭電梯時，禮讓他人；聚會時，不要光顧著講話，也要附和別人等等……將對方看得比自己重要，便能提升共同體感覺，也會更靠近幸福一步。

與你意見相左的人，
不是想要批判你。
產生不同聲音是理所當然的事，也是意義所在。

75

阿德勒認為提升共同體感覺，與基督教的教義「擁有鄰人之愛」十分相似。擁有鄰人之愛的意思，不是「因為鄰人愛我，所以我也愛鄰人」，而是「就算鄰人不愛我，我也愛鄰人」，意即擁有不求回報的愛。

不只不求回報，還必須接納與自己不同的意見、價值觀。「只愛與自己有相同意見、價值觀的人」抱持這般態度的人，不可能提升共同體感覺，因為價值觀因人而異，意見當然相左。

我們一聽到與自己不同的意見，就覺得自己遭受批評，心裡不舒服，容易採取反抗與競爭的反應，但這麼做並無法提升共同體感覺。我們應該接納不同的意見，正因為有不同的意見，才有意義。同樣的，我們不能強迫別人接受自己的意見，要認同他人的不同看法，理所當然地接受不一樣的聲音。在這觀念之下，自然能提升共同體感覺，確保自己的容身之地，讓自己更幸福。

認同、接受自己的不完美，
認同、寬待對方的不完美。

76

如同前述，接納不同意見，不強迫他人接受自己的意見，這是提升共同體感覺的具體方法。同樣的，認同對方與自己的不完美，這也是提升共同體感覺不可或缺的具體策略。

我的朋友 A 先生說他參加 B 先生的婚宴時，對於不顧禮節、大聲喧鬧的朋友們十分不滿。A 先生覺得婚宴是新人的場子，身為賓客不該喧賓奪主，但其他友人似乎不這麼想而大肆喧鬧。於是，A 先生提醒他們別忘了應有的禮節，但他們只是敷衍回應：「好啦！知道啦！」依然故我。A 先生非常不以為然地斜睨那群人，責備他們收斂點。

A 先生的出發點固然是好的，但他強迫別人接受他的意見，也就違背了共同體感覺。雖然大肆喧鬧的友人們不對，但公然指責他們的 A 先生也有錯，所以彼此彼此。若不能寬容以待那群人的不完美，便無法提升共同體感覺。不完美也沒什麼不好，這樣才有人味，也是可愛之處，我們隨時都該保有這種寬大胸襟。

不是「信用」，而是「信賴」。
所謂信賴，就是相信既無人背書、也無人擔保的對方。
縱使可能遭到背叛，還是相信。

77

你聽到「信用〇〇」，會聯想到什麼呢？應該多半是聯想到「信用交易」、「信用金庫」等等金融方面的交易吧。那麼，如果將「信用」置換成「信賴」呢？好比「信賴交易」、「信賴金庫」等字眼，是不是覺得有些不協調呢？

為什麼覺得不協調？因為「信用」和「信賴」的意思明顯不同。「信用交易」是指一個人的存款餘額、擁有的資產、過往的交易記錄以及擔保等等，要有「保證」才能進行交易。也就是說，「信用」是以保證與擔保作為交換，讓對方相信的意思。

但「信賴」和「信用」不一樣，沒有任何保證與擔保就相信對方，稱為「信賴」。所謂沒有任何保證，是指也許會遭到對方背叛，是的，即便如此還是相信，這就是信賴。

阿德勒主張的共同體感覺是以「信賴」為基礎。從信賴自我，信賴別人，沒有任何保證，從即使可能遭到背叛，還是選擇相信開始。基本上，一旦懷疑對方，便無法建立信賴關係，要無條件的相信。信賴關係也是必須由你開始做起，這是通往幸福之道，提升共同體感覺的方法。

就算感受到「自己是有價值的」，
也不必期待對方的感謝與讚美，
因為貢獻感停留在「自我滿足」就行了。

78

提升共同體感覺是為了感受「貢獻感」，也是提升自我信賴不可或缺的要素。但不需要期待對方的感謝與讚美，因為就算沒有人注意到，也可以感受到「貢獻感」。

這是一種自我滿足。「雖然沒有得到他人的認同，但自己做了對的事，也幫助了他人。」這就是感受「貢獻感」的正確態度。要是因為沒受到對方的感謝與評價，就感受不到貢獻感的話，表示你常常依賴對方。一旦沒受到對方讚美還會生氣，甚至要求對方感謝，這樣絕對不是真正的貢獻感。真正的貢獻感不需要依賴對方給予，停留在自我滿足就行了。

西鄉隆盛有句名言：「不要以人為對象，而是以天為對象，盡己之力，不怨天尤人，捫心自問誠意足否。」不求他人的認同與感謝，就是以天為對象，找到身為人的正途，親身力行，這道理與阿德勒的教導不謀而合。此外，儒家的經典《大學》有「慎獨」之說，也是教導人不要在乎他人的目光，就算得不到他人的認同，也要堅持做對的事。足見通往幸福的路，東西方的理念一致。

不知如何判斷時，
優先考慮大團體的利益就對了。
比起自己，夥伴的利益更重要。
比起夥伴，社會的整體利益更重要。
這樣就不會做出錯誤的判斷。

79

阿德勒主張的共同體感覺中的「共同體」，不是指某個特定組織，只是一種抽象概念。將此應用於日常生活，具體思考時，或許會萌生困惑：「意思是，以公司為優先考量就行了嗎？」其實共同體這抽象概念不限於公司，也包括家族、地域社會、甚至國家、世界，以及動植物生存的宇宙等等。思考各個利益時，答案肯定不一樣。

譬如，商品出現瑕疵時，若是進行全面回收，企業肯定會受到極大衝擊，除了回收費用加上庫存報廢的直接性損失，信譽、銷量與利潤等等隨之大幅滑落，賠上信譽。這時，企業一定很猶豫是否要坦承管理上有疏失吧。然而，若是以比企業更龐大的組織，也就是社會的整體利益來考量，馬上就能明白盡早開誠布公才是上策。

阿德勒認為遇到個人、公司、社會等各種共同體的利益各異時，我們只要優先考量最大團體的利益，就不會做出錯誤的判斷，這才是真正的共同體感覺。總之，只考量個人利益，容易做出錯誤的判斷。

不必努力得到不講理的上司、
以及老師的認同，
只要當個市值高的人就行了。
只要以最大共同體來考量就對了。

80

提升共同體感覺是變得幸福的唯一方法。有些人誤以為這麼做就必須捨棄自己的想法，迎合上司與公司，其實不然。我常被問道：「我的上司很不講理，若要得到他的認同，豈不是非得逼自己做錯誤的決定嗎？」我回答道：「沒這個必要，只要回答他，你們的想法截然不同就行了。」因為和不講理的上司以及老師唱反調，絕對不會違反共同體感覺。

如同前述，共同體不是只有公司、學校，也包括廣闊的世界與國家。所以阿德勒認為當一個人不知如何判斷時，以最大共同體為軸心來思考就對了。以前例來說，你要得到的不是不講理的上司以及老師的認同，而是世人的認同，所以讓自己成為別家公司「想挖角」的人就行了。如果被總是和自己唱反調的公司和學校排擠，表示你從一開始就就不該待在那裡。

但我們也不能忘了要以目的論來思考，之所以覺得對方不講理，是因為也許你早就萌生離開這個「目的」。希望你能明白這一點，冷靜判斷共同體對自己的意義。

The aim of Individual Psychology treatment is always to increase an individual's courage to meet the problems of life.

阿德勒心理學的治療目標，
就是增進個體有勇氣面對人生諸多問題。

擁有克服困難的勇氣

關於「勇氣」的阿德勒名言

「勇氣」就是克服困難的活力，
缺乏勇氣的人，一遇到困難，
就會墜入人生的黑暗深淵。

81

人活著，就會遇到困難。工作的任務、交友的任務、愛的任務……各種困難接踵而至。藉由困難，考驗我們的共同體感覺，考驗我們身陷困難時，是否還擁有「關心對方，以對方為優先考量」的共同體感覺，我們每天都在接受這種考驗。

阿德勒將這種克服困難的活力，稱為「勇氣」。只要有勇氣，就不會失去共同體感覺，能抱持共同體感覺克服困難。一旦缺乏勇氣，就會失去克服困難的活力，選擇逃避，選擇捨棄共同體感覺，選擇輕鬆的路，逃向人生的黑暗深淵，結果就是淪為犯罪者，或酗酒、吸毒、罹患精神疾病。

遇到任何人都會面臨的困難時，就像站在人生最大的分歧點，你是選擇面對困難，抱持共同體感覺，克服困難呢？還是捨棄共同體感覺，選擇逃避，墜入黑暗深淵呢？兩者的差別就在於是否擁有「勇氣」，而「勇氣」決定你的人生。

那麼，我們究竟有多大「勇氣」？又能帶給周遭人們多少「勇氣」呢？

人只有在覺得「自己有價值」時，
才會感受到「貢獻感」，
才能夠擁有勇氣。

阿德勒曾以自身的體驗為例，這麼說：

「我只有在覺得自己有價值時，才擁有勇氣。」

「也只有在覺得自己的行動對於周遭人們有貢獻時，才覺得自己有價值。」

也就是說，人只有在覺得對他人有貢獻時，才擁有勇氣。

這麼一想，就能明瞭我們要做些什麼，才能帶給周遭人們勇氣。像是對周遭人們的行為說一聲：「謝謝」、「多謝你的幫助」，便能帶給周遭人們勇氣。

阿德勒最重視「共同體感覺」與「勇氣」，兩者都是從自己的「貢獻」開始。然而，失去勇氣的人搞不好連貢獻的能量都枯竭了。對於這種人來說，周遭人們「給予勇氣」的行動，就像用手撥動直升機的螺旋槳，藉由不斷傳達「謝謝」、「多虧你的幫助」等謝意，讓他學會靠自己的力量轉動螺旋槳。唯有自己主動對他人有貢獻，內心才能真正感受到來自他人的「謝意」。

不受他人的評價左右，
接受真正的自己，
擁有接受不完美的勇氣。

83

阿德勒認為「勇氣是共同體感覺的另一面」。勇氣就是即使面臨困難，也不放棄「關心對方」、「以對方為優先考量」的意念，用活力解決問題。相反的，缺乏勇氣的人面對困難時，一定會以「自己為優先考量」，捨棄共同體感覺。

滿腦子只想著自己的事，非常在意他人的評價，就是缺乏勇氣的人。因為比起對他人有貢獻，他們更在乎他人的眼光。相較於此，擁有勇氣的人不會在乎他人的評價，就算得不到讚美與認同，也會因為對他人有貢獻而感到滿足。

帶給對方勇氣，就是告訴對方不必在意他人的評價，也不必刻意做些矯飾自己的行為。讓對方明白「別人怎麼想都沒關係」、「你只要做自己就行了」，就是在為對方增添勇氣，這和鼓勵他擁有勇氣接受自己的不完美是一樣的。

因此，絕對不能向對方提出像是「只要做到這件事，我就認同你」、「要是辦不到，就不認同你」之類的條件，接受並認同真正的對方，就是帶給對方勇氣。

稱讚對方不是一件好事。
因為讚美等同於向對方傳達：
「你不如我」、「反正你不可能做得到」，
這種意思。

我有一位出版過十本以上著作、也是知名講師的朋友，某天收到讀者寄來的一封信，信上稱讚道：「你的文章寫得很好呢！」卻讓他感受到強烈的不舒服。為什麼呢？因為稱讚這個行為的前提，有著「反正不可能做得到吧」這種預想。要是認為對方一定做得到，就不會稱讚對方，因此稱讚一事就像是向對方說：「以為你一定不行，沒想到你做得很好呢！」稱讚是一種由上往下，上對下的關係。沒有人喜歡被他人看不起，稱讚的行為對於想奮發自立的人來說，無疑是一種負面作用。

稱讚是俯瞰的視線，帶給別人勇氣則是平行的視線。以前述為例，如果那位讀者不是稱讚我朋友，而是帶給我朋友勇氣，就不會用「文章寫得很好」稱讚他，而是以「讀了您的著作之後，心情輕鬆許多，謝謝您」表達感謝的心意，搞不好我的朋友會因此感受到貢獻感，讓他更有活力，迎向困難。不稱讚，而是帶給對方勇氣，這種思維十分適用於親子教養以及企業培育人才。以平行的視線代替俯瞰的視線，就是帶給對方勇氣。

不要指責對方的失敗與不成熟，
也不要因為對方做不到就全盤否定，
因為這麼做，只會奪走對方的勇氣，
剝奪他靠自己克服困難的機會。

85

「不對！不是這樣！」，「算了！我來做！」，一邊指責對方的失敗與不成熟，一邊否定對方，這是挫傷他人勇氣的典型方法。

就算對方因為不熟悉而做錯，當你指責的瞬間，就已經挫傷別人的勇氣。由於你的指責，讓對方感受到自己的無能與自卑。指責的一方則是在不知不覺中，誇示自己的優秀，從中感受到一股優越感。如此一來使對方喪失勇氣，也就是失去克服困難的活力。

對方之所以做不到，是因為現階段能力不足，但能力不足不能與一個人的價值畫上等號。因此，必須避免使用會讓對方感覺自我價值遭到否定的字眼。況且能力不足只是一時而已，將來還是有發展的可能性，但挫傷對方的勇氣，等於向想挑戰困難的對方，狠狠潑了一桶冰水。

我們很容易無意識地挫傷他人，避免剝奪他人的勇氣，才能使其擁有勇氣。

人的心理與物理學不同，
指責問題的原因，只會剝奪別人的勇氣。
應該將焦點放在如何解決、是否有解決的可能性。

86

阿德勒曾說：「學校中，孩子們都曾被挫傷勇氣，學校和老師必須幫助遭到挫傷勇氣的孩子找回自信。」

所謂挫傷勇氣的行為，就是找出問題，否定對方，也就是以追究原因為名義，責備失敗者。父母、老師與上司往往以「為了你好」為出發點，做出挫傷他人勇氣的行為。藉由指責孩子與部屬的過錯與無能，弄清問題的「原因」，再來思考對策。他們往往將自己學過的「物理學」法則套用在人類心理學上，作為解決之道。

然而，物理學與心理學是截然不同的學術領域。物理學講求的是工廠的製作流程正確與否，這種理論不適用於人類，探究原因最終只會讓孩子與部屬看到自己不好的一面，因而喪失勇氣。遭到挫傷勇氣的他們最後選擇放棄挑戰困難，逃避人生課題。

想要帶給對方勇氣，必須進行心理學式的探究。此時，應該將絕大部分時間花在思考如何解決、以及是否有解決的可能性，而非一味追究問題的原因，這也是帶給對方勇氣的方法之一。

人的行為中有95％是正確行為，
但我們往往視之為「理所當然」，
而忽視這些行為。
千萬不能著眼於僅僅5％的負面行為。

在我踏入職場第三年時，一直很在意一件事，那就是上司為何從來不誇獎部屬，但部屬只要有一點閃失，就會被放大檢視與責備。記得那時我負責製作企畫經營會議上要報告的資料，通常都是我將做好的資料拿給上司過目，上司確認、修改之後，再用於會議上。我提交的資料絕大多數都是七至八成沒問題，只有二至三成需要修改。

即使如此，上司卻從來沒有針對那七至八成的部分稱讚過我，只會批評需要修改的部分，我對這件事始終耿耿於懷。我認為批評之前，若能針對表現良好的部分給予鼓勵與認同的話，便能提升部屬的幹勁。

大多數父母與上司都像我跟隨過的這位上司一樣，只著眼於二至三成不足的部分，而無視七至八成值得稱讚的部分，這樣只會挫傷一個人的勇氣。其實值得稱讚的部分已經很多了，只要能注意到值得誇獎的部分，就能帶給對方勇氣。

不是「陰鬱」，而是「溫柔」。
不是「反應慢半拍」，而是「謹慎」。
不是「老是失敗」，而是「面臨許多挑戰」。

88

「我的個性很陰鬱……」、「我老是被人家說反應遲鈍……」，這世上有很多像這樣看輕自己，自我否定的人。同樣的，也有很多使部屬與孩子的勇氣受挫的父母與上司。其實只要改變看待事物的觀點，就能將缺點變成優點，即使當事人毫無改變也沒關係，只要換個角度看待就行。

不是「陰鬱」，是「溫柔」。
不是「反應慢半拍」，是「謹慎」。
不是「性急」，是「敏捷」。
不是「雞婆」，是「親切」。
不是「感覺遲鈍」，是「擁有自己的世界」。
不是「老是失敗」，而是「面臨許多挑戰」。

只要改變觀點，世界就會驟然改變。請從不同角度看待否定自己和他人的話語，並活用這些話語。光是這樣，我們就能讓受挫的勇氣轉變成為自己帶來勇氣，可見帶來勇氣一點都不難。

重要的是「共鳴感」。
「共鳴感」就是用對方的眼睛看，用對方的耳朵聽，
用對方的心感受。

89

帶給對方勇氣時，最重要的是要與對方有「共鳴感」。但我們常常誤解共鳴感的意思，以為共鳴感就是寄予同情：「好可憐喔！一定很辛苦吧……」將自己的感覺強加給對方。

其實共鳴感說穿了，就是關心對方。一味寄予同情的人，不是關心對方，而是關心自己，只是將自己的關心套用在對方身上，這就是失敗的開始。

將共鳴感再詳細一點定義，就是「關心對方所處的情況、思考方式、意圖、情感、關心等等」，阿德勒舉了一個非常淺顯易懂的例子：

「共鳴感就是用對方的眼睛看，用對方的耳朵聽，用對方的心感受。」

但這不是簡單的事。我們往往告訴自己要有共鳴感，卻做出完全相反的行為，結果就是「用自己的眼睛看，用自己的耳朵聽，用自己的心感受」反過來要求對方。是否將自己的觀點強加在對方身上呢？常常這麼問自己，就能避免這種疏忽。

用以「我」為主詞的請託話語，
取代命令的口氣，
光是這樣就能帶給對方勇氣。

90

「這個拿去影印」、「記得發一封 mail 給我喔」等等話語。

乍聽之下還滿客氣，但其實與「命令的口氣」無異，因為這些話聽在對方耳裡，有一種「沒有選擇餘地」的感覺。用「命令的口氣」說話，只會讓對方覺得「自己的立場與狀況不被尊重」，不但會萌生不快，甚至感覺勇氣受挫。

同一件事，只要改用「請託的口氣」，就能帶給對方勇氣。

「可以麻煩你拿去影印嗎？」像這樣讓對方有權利選擇 NO 的說法，便能讓對方覺得「受到尊重」，得到勇氣。

除了用請託的口氣取代命令，使用「I・message」也很有效。「I・message」就是以「我」當主詞的口氣，像是：「要是能幫忙影印，就是幫了『我』一個大忙呢！」相反的，要是用「YOU・message」就會給人「『你』應該拿去影印」這種完全相反的印象。相較於「YOU・message」給人冷漠、獨斷的印象，「I・message」則是給人溫暖的感覺，而且讓對方有選擇的餘地，感受到「自己的立場與狀況受到尊重」。即便只是一個請託方式，有可能挫傷對方的勇氣，也可能帶給對方勇氣。

「你把蛋糕吃光？太過分了！」
不能像這樣生氣、責備對方，
而是告訴對方：「我也好想吃喔！太可惜了！」

當自己想吃的蛋糕被家人吃個精光時，你是不是當場責備對方：「太過分了！怎麼沒先問我就吃掉呢？」家人擅自吃光蛋糕固然不對，但責備對方、一味發火並不是最好的解決方式，反覆這樣的行為也會挫傷對方的勇氣。

遇到這種情況時，不妨將怒火轉換成帶給對方勇氣的傳達方式，也就是前面提到的「I・message」這方法。「『你』太過分了！」這句話是「YOU・message」，只要將這句話轉換成「I・message」就行了。

「唉、『我』也好想吃喔！『我』覺得好可惜啊！」像這樣轉換成「I・message」不但不會讓對方受挫，還能委婉傳達你的意思。

本來「生氣」是一種兩階段式情緒，先是表露第一階段的情緒「寂寞」、「懊惱」與「悲傷」，一旦無法得到對方的理解，就會轉變成「憤怒」的情緒。此時，最好不要用「YOU・message」的第二階段情緒「憤怒」，表達自己的意思：「你怎麼可以沒先問我就吃掉呢?!」而是用第一階段的情緒「I・message」表達：「唉、『我』也好想吃喔！『我』覺得好可惜啊！」這麼做也能帶給對方勇氣。

就算覺得「還不行」，也要讓對方試試看。
即使失敗，也要對他說一聲：「這次一定沒問題。」
這一點很重要。

92

孩子看著父母將果汁倒入玻璃杯，一定很想自己動手試試看，但絕大多數的父母都會這麼回應：「你還不行啦！會灑出來，我倒給你喝，你去幫忙別的事吧！」這麼回應會挫傷孩子的勇氣，孩子會因為這句話，覺得自己無能，因而阻礙他想挑戰倒果汁的念頭。

比起讓孩子喪失自信，就算果汁灑出來也沒什麼大不了，不是嗎？應該要讓孩子試試，弄髒了也沒關係，用抹布擦一擦就行了。孩子面對失敗時，需要他人的鼓勵，這時只要對他說：「再試一次看看吧！這次一定沒問題。」也能帶給孩子勇氣。

父母之於家族，管理者之於企業組織，必須常常思考自己說的話，是讓對方更有自信？還是喪失自信？也就是說，究竟是帶給對方勇氣？還是使對方的勇氣受挫？無法容許對方失敗，便無法帶給對方勇氣。

過於溺愛，也會剝奪對方的勇氣。
你要做的不是出手援助，也不是一味寵愛，
而是讓他學習獨立。

所有孩子從〇歲就開始構築自己的生活型態（＝性格）。如果孩子每次哭鬧，父母都抱起來安撫一番，久而久之，孩子就會記住「只要哭鬧，就能撒嬌」，或是覺得「父母寵愛我是理所當然的事」，一旦不受周遭人注目，孩子就會覺得很孤單。

父母絕對不能一味寵愛孩子，必須讓孩子學會獨立處理自己的事。一直備受寵愛的孩子，一旦面臨不得不獨立的時候，恐怕會感受到強烈的挫折感，為什麼呢？因為孩子還沒做好獨立的準備。

若父母信賴孩子，相信孩子有獨立的可能性，就要從孩子〇歲開始，注意避免過度保護，造成孩子過度依賴。就算孩子哭鬧不休，也要耐住性子，讓他哭鬧個夠，或是給孩子玩具，讓他練習一個人玩耍，這麼做就是帶給孩子勇氣。千萬不能孩子一哭鬧就抱起來安撫，這麼做只會妨礙孩子獨立，挫傷他的勇氣。所謂帶給孩子勇氣，就是給予孩子自行克服困難的活力，絕對不能讓孩子予取予求。

不要一味指責對方的錯誤、打破沙鍋探究原因，
而是提議：「這樣的做法如何？」
這才是培育對方最有效的方法。

94

為了避免挫傷對方的勇氣，因此不想指責對方的錯誤，卻又無法視而不見，到底該怎麼辦才好？相信不少人都有這樣的困擾吧。這時，一邊給予對方建議，一邊帶給對方勇氣的方法是最有效。

很多時候，建議都是從指責開始，我們總是習慣先說：「這麼做不行啦！」然後才建議：「這樣做就行了啊！」問題是，第一句話往往已經傷害對方。若是話已出口，最好立刻停止指責的行為，直接提出建議：「你覺得這麼做如何？」更能有效溝通。

有一種稱為「焦點解決諮商」（Solution Focused）的技巧，也就是聚焦於解決問題的意思。不是指責問題、分析原因，而是直接將焦點放在如何有效解決問題。譬如，因為商品配送錯誤，遭到客訴時，通常我們都是從「原因在於出貨時弄錯了」、「因為山田先生不小心弄錯了」等方面開始追究，但這麼做只會挫傷一個人的勇氣。其實這個時候只要省略指責問題與探究原因的步驟，直接問明：「接下來該如何彌補這次的疏失？」接著提出建議：「這麼補救，如何？」便能將逼問究責的行為轉變成帶給對方的勇氣。

樂觀的人，不會懊悔過往，
也不會對未來惴惴不安，
只看得到此時此刻這「當下」。

95

有勇氣的人都是樂觀的，只有悲觀的人會執著於「過去」的失敗，不停擔心「未來」。有勇氣的樂觀之人只在乎「當下」，不會鑽牛角尖想著已經過去的事，也不會對「未來」惴惴不安，只專注於「當下」能做的事。

每當我提到保持樂觀心態的重要時，就會受到不少反駁與質問，像是：「可是這麼做會失敗，不是嗎？一定要做好風險管理才行吧。」

有一點必須說明清楚，樂觀並非單純的樂天派。毫無根據、沒有做足準備、一派天真的人並非樂觀之人，而是樂天之人。樂觀是指有根據、做足準備的人，而且會檢證悲觀，做好悲觀的準備，卻採取肯定的行動，這就是樂觀。

世界名著《幸福論》的作者，哲學家阿朗（Alain）如此定義：「悲觀主義是一種心情，樂觀主義是一種意志。」意即樂觀主義不是天性，而是下意識努力出來的一種意志。樂觀主義就是一種意志，能為自己帶來勇氣。

就算行為有問題，
背後的動機與目的，
也一定是出自於「善」。

96

母親有事準備外出時，孩子吵著要同行，母親卻說：「你和姊姊一起看家。」結果孩子氣得哭鬧，亂丟玩具，弄破餐櫃的玻璃門，母親氣得大罵孩子……。

因為孩子的這種行為絕對不可取，所以無法帶給他勇氣？其實不然，試想孩子之所以哭鬧的動機和目的吧。孩子的動機無非是「想和母親在一起」，這動機並不壞，而是出於善，雖然行為有問題，但動機是善的，所以我們還是可以著眼於善，帶給對方勇氣。只要感受到「孩子其實是想和媽媽在一起」的心情，還是可以帶給孩子勇氣，對他說一聲：「其實媽媽也很想和你在一起。」像這樣先帶給孩子勇氣，再和孩子溝通，教導他選擇其他方法，而不是以哭鬧的行為來表達自己的意思。

這方法不僅適用於教養孩子，當部屬交出不太理想的報告時，不妨先想想他的動機其實也是出於善。這時，不是一味指責報告哪裡有問題，而是針對良善的動機，帶給對方勇氣。因為就算行為有問題，動機也一定是出於善。

How you feel is up to you

如何感受，端看你自己。

不必背負他人的課題

關於「課題的分離」的阿德勒名言

你煩惱的問題，
真的是「你的問題」嗎？
不妨試著冷靜思考，
一旦擱置問題不管，究竟是誰會感到困擾？

阿德勒心理學中，有個提問非常重要，那就是「是誰的課題？」以孩子不用功為例，大部分父母會斥責孩子：「用功一點！」但讀書這課題究竟是誰的課題呢？

要弄清楚「是誰的課題？」其實很簡單，只要問問自己：「一旦擱置問題不管，受害的是誰？」就明白了。成績不理想時，受害的是孩子本身，無法考進好學校，擔憂將來的也是孩子自己。也就是說，不得不用功始終是孩子的課題，不是父母的課題。

但很多父母會干涉孩子的課題，一邊以「為孩子著想」為藉口，一邊操控孩子照著父母期望的路走，像是「再用功一點」、「進入好學校」等等，滿足自己的支配慾，粉飾自己在世人面前的模樣，也許孩子就是因為察覺到這一點，才拒絕被支配。

所有人際關係的問題，都是因為干涉別人的課題而引起的，不僅親子之間會出現這種情形，朋友、上司和部屬之間也是如此。我們不能干涉別人的課題，能做的就是支援，如果希望孩子用功念書，只要傳達隨時給予協助的心意，再來就是默默守護了。

妻子心情不好時，丈夫不必覺得是自己的責任。
無論是心情好，還是心情差，都是妻子自己的課題。
擅自背負別人的課題，只會讓自己痛苦。

98

看到妻子悶悶不樂，丈夫會想辦法討她歡心，因為丈夫覺得無法讓妻子幸福的自己很無能，感覺自我價值遭到否定。「要不要去兜風？還是陪妳散步呢？」無奈提出任何建議，都遭妻子以「不想出門」為由拒絕，結果妻子這種態度讓丈夫更加焦慮，終於忍不住發脾氣：「我對妳那麼好，為什麼妳就是不明白呢?!」於是，兩人都以最糟糕的心情度過一天……。

這種情形就是丈夫企圖操控妻子的情緒與情感，換句話說，就是干涉妻子的課題。這麼一來，夫妻之間的關係肯定會出現裂痕。

難道看到妻子心情不好時，丈夫就算焦慮也要忍住，什麼都不要說？這樣就能解決問題？不，這還是沒有解決問題。因為「對方如何感覺」是「對方的課題」，如果將對方的課題攬在自己身上，表示丈夫無法做到「課題的分離」。不必覺得自己對別人的課題有責任，擅自背負別人的課題只會讓自己痛苦，必須明確切割自己和對方的課題。

如果這是「你的課題」，
就算父母反對，也沒有必要依從。
這是因為不能讓別人干涉自己的課題。

如果父母反對你的婚事，你該怎麼辦？許多人由於「不想傷了父母的心」，而夾在「又不願和深愛的他（她）分手」的痛苦中。有人勉強自己守著對於父母的承諾，選擇放棄感情，也有人努力說服父母。

這種事端看當事者如何決定，沒有正確答案。但若對照人際關係的基本原則「課題的分離」來思考，可以思考出以下的對應方式。

「雖然得不到父母的贊同確實很可惜，但我想和自己選擇的人結婚。」只要這麼宣布就行了。當然，也有人會猶豫：「可是這麼做會傷了父母的心……」然而，父母因為孩子的婚姻而傷心，這是「父母的課題」，不是你的課題，不要干涉「父母的課題」，也不要讓父母干涉「自己的課題」，你該做的是面帶微笑，清楚對他們說「NO」。

此時的你不可以責備父母，更不能做出任何暴力行為，也不能強迫父母當下認同你的決定。因為無論贊成還是反對都是父母的課題，不是你的課題。

縱使被說壞話、被討厭，
也沒什麼好在意的，
因為「對方如何看待你」，
那是對方的課題。

100

「我是為我而生，你是為你而生。我沒有理由為了回應你的期待，活在這世上，你也沒有理由為了回應我的期待，活在這世上。我是我，你是你，如果我們偶然相識，這是多麼美好的事。要是無法相識，也是沒辦法的事。我是我，你是你，你是你，我是我。」——弗德立克・皮爾斯（Frederick S. Perls）。

「主啊，求祢賜給我改變的勇氣，接納無法改變的忍耐力，賜我智慧去分辨這兩者的差異。」——雷因霍爾德・尼布爾（Reinhold Niebuhr）。

我們無法操控別人的情感與行動，因為無法做什麼而感到痛苦。不要干涉別人的課題，也不讓別人干涉自己的課題。

對方如何評價你，是對方的課題。縱使被說壞話，也不見得是你的錯，只要相信自己是對的就行了。在意別人的看法，只會讓自己痛苦，明確的分離課題才是上策。

當你學會「課題的分離」，就是邁向幸福人生的第一步。你的心變得輕盈，人際關係也有顯著改善，這就是翻轉人生的瞬間。

後記

遇見阿德勒之前的我，就像在迷霧中摸索，總是沒自信，迷惘不已。

雖然三十歲就當上課長，一直不曉得如何帶領部屬，整合團隊，結果憂鬱症上身。我時常摸索著「怎麼當個稱職的上司」、「人究竟該如何活著」這些問題。

對這樣的我而言，阿德勒猶如一盞照亮黑夜的明燈，是隧道彼端的希望之光。因為遇見阿德勒，讓我明白「其實人生一點也不複雜，非常單純」，瞬間豁然開朗。

現在的我不再怨天尤人，不再自私覺得自己好就好，我遵循阿德勒的教導，一步步貢獻自我，提升共同體感覺，藉由給自己帶來勇氣，成功走出黑暗深長的隧道。

本書羅列許多有助於日常生活的思考方式與行為，也分別就工作的課題、社交的課題、愛的課題，提出一些啟發，祈願成為照亮大家的明燈。

最後，請容我列述感謝之情。

感謝協助不是心理學家、只是身為一介諮商心理師、才疏學淺的我，爬梳本書的恩師，阿德勒心理學研究專家、也是監修本書的Human Guild社長岩井俊憲先生，在此致上最深的謝意。

還要特別感謝執筆、翻譯多本關於阿德勒心理學著作的岸見一郎先生，以及推廣阿德勒心理學不遺餘力的先驅，野田俊作先生。諸位前輩的著作提供了我豐富的參考資料，再次向先賢的功績與辛勞，致上最深的敬意與感謝。

小倉廣

參考文獻一覽

《為何人會罹患精神疾病？》阿爾弗雷德・阿德勒
《追求生存的意義》阿爾弗雷德・阿德勒
《人類知的心理學》阿爾弗雷德・阿德勒
《個性的心理學》阿爾弗雷德・阿德勒
《孩子們的教養問題》阿爾弗雷德・阿德勒
《人生意義的心理學（上）》阿爾弗雷德・阿德勒
《人生意義的心理學（下）》阿爾弗雷德・阿德勒
《個人心理學講義》阿爾弗雷德・阿德勒
《個人心理學的技巧I～從傳記解讀生活型態》阿爾弗雷德・阿德勒
《個人心理學的技巧II～解讀孩子們的心理》阿爾弗雷德・阿德勒
《孩子的教育》阿爾弗雷德・阿德勒
《孩子的生活型態》阿爾弗雷德・阿德勒
《個性可以選擇嗎？》（Human Guild 出版部）
《阿德勒心理學的基礎》R・Dreikurs（一光社）
《現代阿德勒心理學（上）》G・J Manaster R・J Corsini（春秋社）
《現代阿德勒心理學（下）》G・J Manaster R・J Corsini（春秋社）
《阿德勒心理學入門》岸見一郎（KK Bestsellers）
《向阿德勒學習～何謂生存的勇氣》岸見一郎（ARTE）

《向阿德勒學習II～愛與結婚的諸相》岸見一郎（ARTE）

《阿德勒透析人生的心理學》岸見一郎（NHK 出版）

《阿德勒心理學 簡單的幸福論》岸見一郎（KK Bestsellers）

《孩子的衝勁》R・Dreikurs Don Dinkmeyer（創元社）

《激發教師教學熱忱的技巧》R・Dreikurs Pearl Cassel（一光社）

《增進勇氣的方法～讓孩子學習獨立的教養原理與方法～》R・Dreikurs Vicki Soltz（一光社）

《如何才能得到幸福（上）》W・B wolfe（一光社）

《如何才能得到幸福（下）》W・B wolfe（一光社）

《感情是可以操控的》Don Dinkmeyer Gary D・Mckay（創元社）

《人該如何愛～愛與結婚的心理學～》R・Dreikurs（一光社）

《生活型態的診斷》Bernard・H・Shulman（一光社）

《源自阿德勒心理學的心理諮商培育方式～人會向誰敞開心房～》岩井俊憲（Kosmos Library）

《增進勇氣的心理學 增補・改訂版》岩井俊憲（金子書房）

《諮商師教我的「增進自我勇氣的技巧」～》岩井俊憲（同文館出版）

《失意時更需要勇氣～如何度過心情陰鬱日子的方法》岩井俊憲（Kosmos Library）

《源自阿德勒心理學的領導人才培育方法》岩井俊憲（ARTE）

《被討厭的勇氣》岸見一郎 古賀史健（鑽石社）

《成為帶給孩子勇氣的教師吧！》岩井俊憲 永藤薰（金子書房）

文中的表現均基於考量、尊重阿爾弗雷德・阿德勒等人的原著、執筆年代、執筆時的狀況而呈現的。

來自各界老師的推薦（依姓氏筆劃順序排列）

吳淑禎（國立臺灣師範大學師資培育與就業輔導處副教授）

從大學開始我就喜歡阿德勒，碩士論文、博士論文也都以阿德勒理論為研究主題，一直到現在仍持續閱讀並與教學現場的中小教師一起進行工作坊，將阿德勒精神運用在學生適性發展與輔導。阿德勒的學說能夠引導我們看見自己的生活方式與目的性，更能以鼓勵、勇氣、與社會情懷支持我們面對生活所遭遇到的挫折、不完美、與脆弱，找到生命的意義。

吳毓瑩（臺北教育大學心諮系教授兼教育學院院長）

人生不過這麼簡單，卻也這麼困難，咀嚼西方的孔子——阿德勒的智慧。

林旻沛（國立臺灣師範大學教育心理與輔導學系助理教授）

能夠藉由心理學大師的話語來覺察與反思自己、進而調整或改變自己，將會是幸福人生的開端；《接受不完美的勇氣》，就是您美好人生的開端！

張英熙（台北市立大學幼兒教育學系助理教授）

接受不完美的勇氣，讓人可以接納自己、他人和環境，開啟幸福之門。

鮑順聰（臺北市立建國高中輔導教師）

受惠於恩師曾端真教授之引介，得於大學時期即有緣初窺阿德勒思想之堂奧。此後便離不開其循循善誘之語，至今早已不自覺養成每日翻讀幾段的習慣。掩卷時，餘音繞樑，心潮蕩漾，心頭總會多點清明與勇氣。隨人生閱歷漸增，更不時讚嘆其「仰之彌高」、「鑽之彌深」的廟堂之美。衷心推薦給所有愛智的朋友！

接受不完美的勇氣
阿德勒 100 句人生革命

作者　小倉廣
譯者　楊明綺
主編　蔡曉玲
行銷企畫　顏妙純
封面設計　陳文德
內頁設計　張凱揚

發行人　王榮文
出版發行　遠流出版事業股份有限公司
地址　臺北市南昌路 2 段 81 號 6 樓
客服電話　02-2392-6899
傳真　02-2392-6658
郵撥　0189456-1
著作權顧問　蕭雄淋律師

2015 年 2 月 1 日 初版一刷
2017 年 7 月 25 日 初版四十一刷
定價 新台幣 280 元（如有缺頁或破損，請寄回更換）

ISBN 978-957-32-7570-1
遠流博識網 http://www.ylib.com E-mail: ylib@ylib.com

ALFRED ADLER JINSEI NI KAKUMEI GA OKIRU 100 NO KOTOBA
by HIROSHI OGURA

Original Japanese language edition published by Diamond, Inc.
Chinese (in complex character only) translation rights arranged with Diamond, Inc.
through BARDON-CHINESE MEDIA AGENCY.

國家圖書館出版品預行編目 (CIP) 資料

接受不完美的勇氣 / 小倉廣著 ; 楊明綺譯 . -- 初版 . -- 臺北市 : 遠流 , 2015.02
面； 公分
ISBN 978-957-32-7570-1(平裝)

1. 自我肯定 2. 人際關係 3. 成功法

177.2　　103027709